本书为湖南省教育厅重点项目（20A446）和湖南省自然科学基金项目（2023JJ50271）的阶段性研究成果

湖南省
巩固脱贫攻坚成果与
乡村振兴衔接研究

曾海燕　著

西南财经大学出版社
Southwestern University of Finance & Economics Press

中国·成都

图书在版编目(CIP)数据

湖南省巩固脱贫攻坚成果与乡村振兴衔接研究/曾海燕著.—成都:西南
财经大学出版社,2023.11
ISBN 978-7-5504-5971-7

Ⅰ.①湖⋯　Ⅱ.①曾⋯　Ⅲ.①扶贫—研究—湖南②农村—社会主义
建设—研究—湖南　Ⅳ.①F127.64

中国国家版本馆 CIP 数据核字(2023)第 210038 号

湖南省巩固脱贫攻坚成果与乡村振兴衔接研究

HUNAN SHENG GONGGU TUOPIN GONGJIAN CHENGGUO YU XIANGCUN ZHENXING XIANJIE YANJIU

曾海燕　著

责任编辑:李晓嵩
责任校对:王甜甜
封面设计:何东琳设计工作室
责任印制:朱曼丽

出版发行	西南财经大学出版社(四川省成都市光华村街 55 号)
网　　址	http://cbs.swufe.edu.cn
电子邮件	bookcj@ swufe.edu.cn
邮政编码	610074
电　　话	028-87353785
照　　排	四川胜翔数码印务设计有限公司
印　　刷	四川五洲彩印有限责任公司
成品尺寸	170 mm×240 mm
印　　张	11.5
字　　数	213 千字
版　　次	2023 年 11 月第 1 版
印　　次	2023 年 11 月第 1 次印刷
书　　号	ISBN 978-7-5504-5971-7
定　　价	88.00 元

前言

习近平总书记强调："民族要复兴，乡村必振兴。"

民是国之根本。我国是一个拥有 14 亿多人口的超级大国，农村人口众多。古人云："得人心者得天下。"我国发展取得的巨大成就更是验证了这一道理。因此，善待农民、关心农民、帮助农民的工作刻不容缓。

爱民、为民、助民不能光是一句口号，不能只说不做，而是要将一句句口号转化为义务、责任落实到实际行动中。近年来，党和国家对农村的发展、农民的衣食住行更加重视。脱贫攻坚和乡村振兴两大战略的相继提出就是为人民办实事、解决民生问题的具体体现。为人民谋幸福、全心全意为人民服务是每一位中国共产党人的使命与责任，是国家走向繁荣富强、长治久安的保障。近年来，党和国家积极部署助农、惠农工作，让广大农民发自内心地称赞党和国家，从真正意义上去增强人民群众的获得感、幸福感、满足感。

脱贫攻坚是我国为了在确定时间内实现全部扶贫对象脱贫而集中资源、采取非常规方式精准帮助扶贫对象摆脱贫困的重大行动。从 2015 年 11 月 29 日出台《中共中央 国务院关于打赢脱贫攻坚战的决定》，到 2020 年 12 月 16 日《中共中央 国务院关于实现巩固拓展脱贫攻坚成果同乡村振兴有效衔接的意见》提出确保"我国现行标准下农村贫困人口全部实现脱贫、贫困县全部摘帽、区域性整体贫困得到解决"，党和国家提出了一整套精准扶贫、精准脱贫的计划和解决方案。乡村振兴战略是党的十九大作出的重大决策部署，是决胜全面建成小康社会、全面建设社会主义现代化国家的重大历史任务，是新时代"三农"工作的总抓手。2017 年，随着脱贫工作的进一步推进，中央基于我国发展不平衡不充分的现实，适时提出了乡村振兴战略，并在《中共中央 国务院关于实施乡村振兴战略的意见》中首次强调要做好实施乡村振兴战略与打好精准脱贫攻坚战的有机衔接。习近平总书记在 2018 年 2 月到四川视察时，在 2019 年 3 月参加十三届全国人大二次会议内蒙古代表团审议时，在 2020 年 9 月到湖南考察时以及在 2020 年、2021 年和 2022 年的中央农村工作会议中，多次强调要加强脱贫攻坚与乡村振兴的有效衔接。

本书力争通过研究理念、研究方案和研究思维的创新，根据巩固脱贫攻坚成果与乡村振兴有效衔接基本理论问题的自然逻辑而展开研究，以探寻湖南省巩固脱贫攻坚成果与乡村振兴有效衔接的基本机理和实现路径为目标，对湖南省巩固脱贫攻坚成果与乡村振兴有效衔接进行评价，根据评价结果提出路径选择和政策建议，服务和指导湖南省巩固脱贫攻坚成果与乡村振兴有效衔接的实践。

本书共 8 章。第 1 章从贫困的内涵、有效衔接的宏观讨论、关键路径、测度分析和乡村转型发展五个方面对现有研究进行了梳理和归纳，并对其局限性和值得进一步研究的问题进行了探讨，明确了本书的逻辑主线、内容构成、研究方法和创新等。第 2 章梳理和借鉴了反贫困理论、习近平总书记关于农村发展的重要论述、可持续生计理论、乡村转型发展理论、耦合协同理论等理论观点，为湖南省巩固脱贫攻坚成果与乡村振兴有效衔接问题的研究提供理论和方法支撑。第 3 章基于我国扶贫开发和农村改革发展历程，对脱贫攻坚与乡村振兴两大战略的内在逻辑进行了讨论。第 4 章从乡村振兴面临的贫困治理转型、新目标与新任务、国内外新形势等研究内容和框架出发，剖析从巩固脱贫攻坚成果到与乡村振兴有效衔接的动因。第 5 章首先从农民收入增长成果、产业发展成果和"三保障"方面的成果等对湖南省脱贫攻坚取得的成果进行了分析；其次以2020—2022 年《湖南乡村振兴报告》的数据为基础，对湖南省乡村振兴现状进行了分析；再次对湖南省脱贫攻坚成果与乡村振兴目标的差距进行了详细分析；最后从体制机制不畅、人才支撑不足、产业基础薄弱等方面分析湖南省巩固脱贫攻坚成果与乡村振兴有效衔接的现实障碍。第 6 章基于新阶段有效衔接的科学内涵，着重探讨了有效衔接评价指标体系的构建思路、构建原则、评价框架和指标选择，通过指标数据极差标准化法、熵权法与专家调查法的组合赋权法对湖南省 51 个摘帽县 2020 年推进有效衔接的情况进行了初步测度，并针对各县脱贫攻坚成果巩固拓展、乡村振兴发展两个方面六个维度的情况和有效衔接水平进行了总体分析。第 7 章从多个方面提出湖南省巩固脱贫攻坚成果与乡村振兴有效衔接的路径选择。第 8 章提出推进湖南省巩固脱贫攻坚成果与乡村振兴有效衔接的相关政策建议，并针对本书的局限性展望了下一步研究计划。

本书在写作过程中参阅了国内外专家的许多研究成果，限于篇幅，未能一一注明，在此向这些研究成果的作者和译者表示真挚的谢意。

由于笔者能力的局限，书中难免有缺点和疏漏，敬请广大读者不吝批评指正。

曾海燕

2023 年 6 月于邵阳学院

目录

1 绪论

1.1 研究背景与意义

1.1.1 研究背景

2015 年年底，全国仍有 832 个贫困县和 5 575 万农民未摆脱贫困状态。《中共中央 国务院关于打赢脱贫攻坚战的决定》的印发标志着我国农村扶贫工作已经到了攻坚拔寨的最后阶段。为兑现在 2020 年年底实现农村贫困人口全部脱贫的历史承诺，中央分别制定了产业发展、劳务输出、易地搬迁等多项举措，并强调通过推进农村基础设施升级和公共服务延伸，有效解决农业农村发展短板制约问题。通过脱贫工作工期倒排、压实"五级书记抓脱贫"责任和"挂图作业"的方式，在 2016 年全国就有 28 个县脱贫摘帽，共实现 1 240 万农村人口脱贫，远远超出当年任务要求。在 2017 年，随着脱贫工作的进一步推进，中央基于我国发展不平衡不充分的现实，适时提出了乡村振兴战略，并在《中共中央 国务院关于实施乡村振兴战略的意见》中首次强调要做好实施乡村振兴战略与打好精准脱贫攻坚战的有机衔接。习近平总书记在 2018 年 2 月到四川视察时，2019 年 3 月参加十三届全国人大二次会议内蒙古代表团审议时，2020 年 9 月在湖南考察时以及在 2020 年、2021 年和 2022 年的中央农村工作会议中，多次强调要加强脱贫攻坚与乡村振兴的有效衔接，并对其重要性、注意事项和推进思路等多个方面进行了深入论述。

随着 2020 年脱贫攻坚的全面胜利和乡村振兴的深入推进，农村地区的贫困特征和治理任务也已经发生了根本转变，主要表现为由过去重点消除绝对贫困向现阶段不断缓解相对贫困转变，由集中资源解决脱贫问题向推进乡村全面振兴和防范规模性返贫转变。在农村发展和贫困治理的新阶段，关于有效衔接的概念内涵和任务要求也不断发展和丰富。2021 年、2022 年和 2023 年的中央一号文件进一步明确了 2021—2025 年做好有效衔接的总体要求、基本思路和重点任务，并提出通过乡村振兴重点帮扶县的形式来实现欠发达地区的平稳过渡，并建立跟踪监测机制对其有效衔接情况进行定期监测和评估。因此，构建一套科学、有效的统计监测和评价指标体系，一方面能够发挥指标体系"晴雨表"和"指挥棒"的功能，科学度量有效衔接进展，为指导各地有效衔接工作提供量化考核依据；另一方面能够实现对不同区域乡村进行监测、评价和比较分析，有利于总结发现各地在衔接过渡期间的实践经验和存在的问题，及时制定相应对策。

湖南省采用的贫困线标准为 2010 年国家农村扶贫标准，同时考虑"两不愁三保障"情况，形成"一超过、两不愁、三保障"贫困识别标准。根据贫困程度、实际情况以及国务院批准，2017 年，湖南省将湘西土家族苗族自治州的保靖县、泸溪县、古丈县、花垣县、永顺县、凤凰县、龙山县，张家界市的桑植县，怀化市的通道侗族自治县、麻阳苗族自治县，邵阳市的城步苗族自治县等 11 个县确定为深度贫困县。这些深度贫困地区主要集中在武陵山片区，发展受自然条件、历史人文条件等制约。2020 年，湖南省所有的深度贫困县全部脱贫摘帽，236 个贫困村出列，8.95 万贫困人口脱贫，贫困发生率降低至 0.65%，绝对贫困问题基本消除。经第三方评估，湖南省深度贫困地区脱贫攻坚群众满意度达到 99% 以上。在此特定背景下，研究湖南省巩固脱贫攻坚成果与乡村振兴的有效衔接，对湖南省巩固脱贫成果、建立长效脱贫机制以及推动乡村振兴战略进程具有重大意义，同时对全国其他地区农村的发展具有借鉴意义。

1.1.2 研究意义

1.1.2.1 理论意义

第一，丰富了关于有效衔接的理论探讨。现有研究成果主要集中在对脱贫攻坚和乡村振兴的阶段特征、内在逻辑、必要性、重要衔接点以及对策建议方面的宏观探讨，而缺乏对有效衔接科学内涵的系统研究。本书基于中央政策表述及习近平总书记在不同时期对有效衔接的相关重要论述，结合农村发展和反贫困相关理论与重点任务分析，分别从理论内核和外延对有效衔接的科学内涵进行了探索研究和系统阐述。在此基础上，经过多轮讨论修改，本书最终确定了有效衔接评价指标体系的构建原则、指标选取、评价方法和步骤，在一定程度上完善了有效衔接的现有理论讨论和评价方法。

第二，对有效衔接研究路径和主导模式进行了理论归纳。本书在构建评价体系并完成各项指数测算的基础上，对湖南省 51 个县（市、区）2015—2021年有效衔接的路径轨迹进行可视化研究，在乡村内源发展理论框架下进行脱贫攻坚成果巩固和乡村振兴两个维度的特征聚类，最终将有效衔接演进路径归纳为"内源巩固发展路径""外源主导发展路径""内外源交替发展路径"三类。本书在对有效衔接六项重点任务的分维度评价基础上，优化了乡村发展主导功能划分方法，并测评归纳出极化发展型、主导发展型、发展制约型、转型发展型、均衡发展型五个一级分类，并根据主导维度和短板维度组合特征进一步细分为 15 个二级分类。本书基于有效衔接的讨论丰富了关于乡村发展路径和模式的理论探讨。

第三，构建了有效衔接的理论模型并讨论了其内在机理。当下关于有效衔接的理论和内在机理的讨论中，大多数研究均以脱贫攻坚"五个一批"与乡村振兴"五个振兴"的任务进行衔接机制阐释，或者就精准理念、攻坚体制机制的衔接进行探讨，其对策建议也偏向于宏观，并且其科学性和可行性缺乏深入论证。本书借鉴脱贫攻坚和乡村振兴的相关研究成果，从乡村内源性响应因素和外源性驱动因素出发，讨论了促进有效衔接的主要因素并进行实证分析，在此基础上进一步从农村发展阶段演进和"内源-外源"互相作用机制等层面探讨了有效衔接的内在机理，为理解有效衔接格局的形成和完善有效衔接发展的理论阐释起到了积极作用。

1.1.2.2 现实意义

第一，有效衔接指标体系的构建有利于各地开展评价考核工作。随着国家乡村振兴帮扶县、省级乡村振兴帮扶县的相继确立和各项工作的推进实施，我们有必要及时建立和完善关于有效衔接的统计监测制度与评价指标体系，并开展定期监测评估等一系列工作。科学测度有效衔接的工作进展和取得成效，既是各地考核评价的依据，又利于对过去工作的反思和总结。本书构建的评价指标体系已经通过了组织专家研讨会、征求湖南省脱贫攻坚领导小组各部门意见、县乡村三级报表试填以及抽样县试测等流程，具有一定的适用性和应用推广价值。

第二，对湖南省的历史测度分析有利于总结经验和未来发展布局。本书对湖南省 51 个县（市、区）2015—2021 年有效衔接的各项指数进行了测算和时序演进、空间特征分析。从宏观层面来看，本书的研究有利于把握湖南省各经济分区的农业农村发展和贫困治理情况，从而制定相关政策引导各经济区形成协同发展、相互促进的局面。从中观层面来看，每个单独的县（市、区）在对其演进路径、所处阶段、主导维度、发展短板的识别基础上，能够继续通过横向、纵向的对比，寻求最适合当地的发展路径模式。从微观层面来看，每一个维度、每一个指标均能进行深入的分析和对比，有助于提高政策措施的针对性和落地程度。

第三，为欠发达地区的乡村振兴战略实施提供理论支持和新的思路。本书基于有效衔接影响因素和内在机理部分的分析，明确了乡村在不同发展程度（阶段）所受的主要影响因素和作用程度均有所不同，有利于欠发达地区在推进与乡村振兴衔接的过渡期内，充分利用自身资源禀赋、区位优势、人力资本、转型意愿等内在条件，合理利用城镇化、工业化、市场化、全球化等外源驱动因素并作出适宜响应，通过思路创新、模式创新不断推进乡村的加速转型和跃迁式发展。

1.2　国内外研究综述

1.2.1　贫困的内涵

关于扶贫工作，国内外学者已经做了大量的研究，既有理论方面的研究，也有实证方面的研究，学者们普遍集中于对贫困的定义、致贫的原因、脱贫路径的探索。关于贫困的研究首先是从对贫困的定义开始的，有了贫困的定义，才能找出脱贫的情形。阿洛克（Alcok，1993）认为，贫困是一个客观定义，是一种低于维持生存的生活水平，没有延续生命的条件。劳拉（Laura，2013）认为，贫困不应该只是经济意义上的低收入，还应该包括一些基本权利的丧失。我国关于贫困概念的界定，最早进行权威定义的是国家统计局。国家统计局认为，在既定的生活和生产方式下，劳动者的合法收入不能维持基本生存，即为贫困。在此基础上，我国学者结合国情，又丰富了贫困的内涵。刘一（2016）认为，贫困应该包括教育、生命健康等方面，不仅仅是经济问题。庄天慧（2017）从经济学、社会学、政治学等多个角度阐述了贫困的内涵，将贫困划分为绝对贫困和相对贫困、物质贫困和精神贫困两组相对概念，认为相对贫困是在一个比较视角下，一些人生活水平低于其他人生活水平的一种状态。王留根（2020）从发展角度出发，认为相对贫困是在当地的条件下，除了最基本的生存需要外，无法满足其他生产生活生态发展的需要的状态。其针对的是自身发展与共享问题。周力（2020）从定量的方面出发，认为低于全国人均可支配收入的50%的水平以下就为相对贫困。由于我国贫困地区经济发展的复杂性以及相关工作的确定实施，在扶贫工作中政府还是以绝对贫困的概念作为标准，选择人均收入来界定贫困人口。

1.2.2 脱贫攻坚与乡村振兴有效衔接的宏观探讨

推进有效衔接既是我国农业农村发展的阶段必然，又有其实践需要和理论诉求。目前，学界和各级政府关于有效衔接的相关讨论日趋热烈，从宏观讨论来看，观点主要可以分为以下四类：

第一类观点可以归纳为"阶段论"，即认为脱贫和振兴分别对应了"两个一百年"奋斗目标的战略布局，在具体实施上具有时序性，体现了不同的阶段目标。黄承伟（2018）指出，农村摘帽和农民脱贫是实现全面小康的重要标志，虽然与乡村振兴内容共通、方向一致，但在全面摘帽前仍需要坚持脱贫标准不动摇，防止调高目标脱离实际导致脱贫的不稳定，并坚持以脱贫攻坚统揽农村各项发展工作。张琦（2019）认为，脱贫攻坚与乡村振兴是耦合和交叉关系，既有一致性又存在差异，因此需要坚持分阶段有序推进两者衔接。在2020年之前，贫困地区仍需要通过脱贫筑牢农村发展基础，并提前将"二十字要求"融入脱贫工作中。在2020年实现全面脱贫以后，国家可以继续通过乡村振兴持续巩固脱贫成果。也有学者对我国贫困特征的变化和扶贫政策的阶段性转变进行了论述。李小云、许汉泽（2018）认为，脱贫攻坚阶段性任务的胜利表明中国农村的绝对贫困问题已经得到了有效解决，但在2020年后，随着城市化和工业化的冲击、乡村的不断转型发展，必将产生"转型贫困"和"相对贫困"等新的贫困特征。魏后凯（2018）认为，随着国家现代化步伐的加快，贫困治理将逐步由过去重点消除绝对贫困向新阶段不断缓解相对贫困转变，由过去重点关注农民收入问题向全面解决农村多维贫困转变。在完成现行标准农村贫困人口全面脱贫和第一个百年奋斗目标后，党和国家要对下一个阶段的发展进行及时谋划，通过与乡村振兴的有效衔接，构建和完善农村减贫长效机制。张克俊（2020）认为，脱贫攻坚任务完成后我国贫困的特征和治理目标也将随之发生转变，加强减贫政策与乡村振兴发展政策的衔接需要适时调整政策重心、政策工具和政策类型。

第二类观点可以归纳为"有机论"。此类观点认为，脱贫攻坚与乡村振兴战略的逻辑相连、内容共通，大量研究主要聚焦于有机衔接的逻辑关系（贾晋、尹业兴，2020）、必要性（卢黎歌、武星星，2020）和重点内容（汪三贵、冯紫曦，2019）等方面。王超、蒋彬（2018）从精准扶贫和乡村振兴对减少农村贫困的战术、战略层面出发，探讨了两者的内在关系，并认为农村扶贫工作在一定程度体现了乡村振兴发展的阶段性任务和目标要求，在脱贫攻坚期间形成的各项体制机制创新、具体模式探索尚未能有机融入后续的乡村振兴发展中。豆书龙、叶敬忠（2019）从基层实践的现实要求和迫切性、制度衔接的"互涵式"关系、社会主义共同富裕的要求出发，探讨了两者有效衔接的必要性、理论和实践的可行性。他们的研究充分肯定了现阶段的积极进展，又指出脱贫攻坚与乡村振兴推进过程中存在的"两张皮"倾向、实践零散化困境以及体制机制衔接不畅、产业升级迭代难等问题。卫志民等（2021）认为，脱贫与振兴存在耦合关系。他们运用角色理论从宏观、中观、微观视角和组织形态、行动策略、行动绩效三个方面，分析了国家政治逻辑、政府行政逻辑以及乡村治理逻辑，并从乡村振兴对脱贫攻坚的内在承接性和递进性出发，提出了宏观治理理念的价值转变、中观治理结构的组织变革、微观治理机制的规则重组等建议。张力等（2021）从政策稳定性方面对有效衔接的政策意义、政策稳定性的重要性进行了讨论，认为乡村振兴和精准扶贫在政策内容上具有一贯性，需要从保持政策方针的连续性、推进工作方式和措施衔接、细化考核制度等多方面落实有效衔接工作。曹兵妥、李仙娥（2021）讨论了陕西省蒲城县 D 村在脱贫攻坚与乡村振兴衔接过程中的具体实践逻辑，认为乡村振兴作为一项整体系统工程，其系统功能的发挥取决于短板的突破，在解决农村"绝对贫困"这项短板问题后，乡村振兴又为巩固脱贫成效提供了内在动力。

第三类观点可以归纳为"统筹论"或"协同论"。此类观点是在上述"有机论"基础上，认为需要对两者进行统筹规划和顶层设计，以乡村振兴为统揽，建立长效稳定脱贫机制（高强，2020）。例如，边慧敏等（2019）认为，脱贫攻坚和乡村振兴在任务方向上呈现出高度一致和交叠特征，衔接的本质体现在两者的协同发展方面，可以从政策措施协同、产业发展协同、易地扶贫与振兴目标衔接、文化与人才协同、组织工作协同等方面着手，破解由脱贫到振兴的体制机制困境。廖彩荣（2019）从国内外反贫困和农业农村发展的研究现状出发，认为两者的协同推进既有利于完成 2020 年全面脱贫的阶段性目标，也有利于乡村振兴"三步走"战略的良好起步，可以从思想协同、产业协同、生态协同、社会保障协同等七个方面构建两者协同推进的保障措施。杜向民等（2020）在脱贫攻坚和乡村振兴的交汇期间提出两大战略的一体化推进既是乡村振兴发展的内在要求，又是农村经济社会发展的现实需要，确立一体化推进的价值导向、建立一体化推进的体制机制以及产业项目和基础设施建设的一体化布局，对释放纵深发展动力、减少工作中的短期行为有着重要意义。

第四类观点，即其他方面的讨论大致可以归纳为"对策论"。此类观点是针对有效衔接过渡期中可能存在的问题与难点分析，提出相应的政策建议。左停（2020）认为，脱贫攻坚与乡村振兴涉及人群目标、工作任务、治理体系、产业发展等多方面的衔接，针对过渡期间的政策目标人群聚焦难、区域发展基础差异大、治理体系转换难、经济发展政策不平衡和不同群体诉求难兼顾等现实难题和应对方法进行了讨论和思考。刘焕、秦鹏（2020）指出，在脱贫与乡村振兴的衔接中主要存在思想衔接不足、政策衔接不足、规划衔接不足和工作衔接不足等问题，提出了应加强衔接理论研究和总体设计，做好扶贫政策承接、延续和乡村振兴政策深化，编制多规合一的乡村规划，继续推行乡村振兴第一书记制度等对策建议。黄祖辉、钱泽森（2021）在对从脱贫到乡村振兴的逻辑分析基础上，指出在巩固脱贫攻坚成果与乡村振兴衔接过程中要清晰认识三个持续（脱贫成果衔接的持续性、地区战略衔接的持续性、政策对象衔接的持续性）、两个缺位（长效产业的缺位、小农主体的缺位）和两个局限（乡村人口布局的局限、城乡二元体制的局限）的问题，并进一步从保持脱贫成果可延续、汲取脱贫经验实现新拓展、破解固有局限构建新格局三个方面提出协同推进的解决思路。李聪等（2021）基于对云贵川三省集中安置社区的调研，探讨了易地搬迁与乡村振兴有机衔接的着力点，并针对搬迁农户在人居环境改善、产业长效发展和农户增收乏力、村民自治水平和融入感较低的问题，从资金保障、人才引进、股份合作、素质提升等方面提出了推进易地扶贫农户与乡村振兴衔接的政策建议。

1.2.3 脱贫攻坚与乡村振兴有效衔接的关键路径

关于有效衔接路径的现有研究，大多是从精准脱贫的"五个一批"和乡村振兴"产业兴旺、生态宜居、乡风文明、治理有效、生活富裕"（以下简称"二十字方针"）出发，探讨产业、人才、文化、生态、组织的衔接路径，也有从政策转型、贫困治理体系和体制机制方面衔接进行的大量探索。

从复合路径的探讨来看，庄天慧等（2018）最先从时序性和空间维度层面对两者的理论逻辑和实践逻辑进行了梳理与讨论，并提出了在 2018—2020 年两大战略的三年重合期中，有必要对乡村振兴进行提前谋划，并将精准理念逐步融入乡村振兴中来以及充分借鉴和用好脱贫攻坚中的体制机制创新等衔接路径。冯丹萌（2019）借鉴国内外乡村发展历程和成功经验，对我国脱贫攻坚与乡村振兴的统一性进行了论述，认为两者在经济、环境、文化、治理等多个方面的内容均具有衔接的可能性及可行路径，并尝试从产业、环境、人才等维度构建融合机制。陈文胜（2020）基于"两个一百年"奋斗目标的历史交汇期和战略重点转变，提出了阶段性攻坚体制与构建长效脱贫机制有效衔接、政府主导与市场主导相结合的资源配置方式衔接、普惠保障制度与特惠帮扶政策衔接等实践路径。王永生（2020）通过对乡村构成要素和复合系统进行分析，从人、气、水、土、生等要素出发构建了贫困农村地区推进有效衔接的逻辑框架，结合扶贫成效分析和经验总结，对产业、人才、文化、组织等方面提出振兴建议，并从国家、省、县、村四个层面讨论了推进有效衔接的各项展望和措施。

在政策衔接方面，高强（2019）认为，促进两大战略有效衔接直接体现在微观政策的转移接续，需要识别两者的共同着力点。他在对政策体系共性和差异性进行分析的基础上，指出在2020年后需要对产业发展、就业扶持、易地搬迁、生态建设、社会保障等领域的一系列政策举措通过退出、延续、转化的思路进行统筹。邢成举（2020）结合脱贫攻坚任务完成后我国贫困治理的转型分析，认为脱贫攻坚与乡村振兴战略的衔接重点是实现政策覆盖从"特惠"向"普惠"转变，需要做好不同阶段帮扶政策与乡村发展政策的衔接，充分发挥乡村振兴对缓解农村地区发展不平衡和治理相对贫困的功能。曾恒源、高强（2021）基于无缝对接、统筹推进、梯度升级三项基本原则，对两大战略政策衔接重点进行聚焦，分别从扶贫产业、人居环境、乡村治理、生活保障四类政策入手，探讨了推进乡村振兴战略缓解多维贫困、相对贫困的政策取向和长效机制构建。

从产业扶贫到产业兴旺的转变是乡村振兴发展的基础和重要衔接点。2021年国家统计数据显示：建档立卡以来，受益于产业帮扶的贫困户达到了1 465.8万人，占全部贫困人口的98.9%。产业帮扶为打赢脱贫攻坚战和顺利推进乡村振兴奠定了坚实基础。朱海波、聂凤英（2020）通过深度贫困地区精准扶贫调研发现，推进可持续的产业的培育和发展是促进由"产业扶贫"到"产业兴旺"和有效衔接的重要着力点。他们基于"有效市场"和"有为政府"理论论证了产业发展逻辑的合理性和实践路径。刘明月、汪三贵（2020）认为，农村产业发展的衔接和升级直接关系到两大战略的衔接成效，通过对产业扶贫与产业兴旺的目标要求异同和差距分析，针对现有产业扶贫项目中主要存在短期化、同质化、链条较短、新型经营主体发育不足、市场作用发挥不足等问题，分别从顶层设计规划、产业融合发展、完善利益联结机制和产业发展体制机制方面给出促进产业衔接的路径设想。

乡村治理作为实现乡村振兴的核心（孔祥智，2019），也被认为是推进有效衔接的重要路径。鲁可荣（2019）认为，乡村文化是我国传统文化的源头与载体，并基于禄劝县彝族苗族自治县村寨的案例研究，从摘帽村的农耕文化、生态文化、共同体文化三个层面对文化重塑和村落共同体重构的实践经验进行了探讨，提出了建立扶贫与振兴的共享共建机制、挖掘乡村文化价值和产业绿色发展结合、重构互助合作的村落共同体等推进有效衔接的具体实践路径。刘建生（2021）认为，从脱贫到振兴，面临着任务型向发展型治理逻辑转型，实现有效衔接的关键在于通过治理理念与目标的转型、多元主体共同参与和治理体制机制的创新来激活乡村发展活力和内生动力。

也有学者从人力资本、生态宜居和体制机制等视角进行了相应探索。兰芳等（2021）基于人力资本视角和河北省市级层面数据，实证分析了扶贫与振兴的衔接机制。其研究表明，精准扶贫的实施对农村地区有着显著的振兴效应，扶贫政策有效促进了贫困地区人力资本的积累，进而通过提高资金效率实现乡村振兴水平的提升。胡钰（2019）认为，我国贫困地区多位于重点生态功能区和环境脆弱区，基于生态扶贫与生态振兴之间的密切联系，在推进有效衔接过程中，需要转变发展方式，通过设置生态公益岗位、加强人居环境整治、用好生态资源、凸显"小农"生态优势等路径，协同推进农村地区生态环境保护与经济发展。左停等（2019）对推进两者的衔接提出了梯度推进与优化升级的思路，认为我国在脱贫攻坚期间进行了大量探索和体制机制创新，其中"中央统筹、省负总责、市县抓落实"的扶贫领导体制和工作机制、从县到村到户的全面考核机制、多元主体参与的社会动员机制，均可借鉴延续到乡村振兴中来起到积极的作用。陆益龙（2021）认为，借鉴脱贫攻坚阶段的成功经验来推进乡村振兴发展是十分必要的。他通过对精准扶贫经验的梳理总结，强调做好乡村振兴有机衔接需要延续精准理念和工作机制，对乡村自然禀赋、文化传统、社会经济发展基础等方面进行精准评估和建档立卡，推进分类指导和精准施策，并提出了依法振兴（《中华人民共和国乡村振兴促进法》）、协同振兴、融合发展三条路径和方法。

1.2.4　脱贫攻坚与乡村振兴有效衔接的测度分析

1.2.4.1　关于脱贫攻坚与乡村振兴有效衔接程度的测度评价

总体来说，现阶段关于有效衔接的讨论和相关研究均处在起步阶段，探讨有效衔接评价指标体系的文献较少，且大部分文献均是直接引入物理学中的系统耦合概念来阐释有效衔接或协同问题。例如，廖文梅等（2019）综合考虑了脱贫攻坚和乡村振兴两个方面的指标，并运用耦合模型测算了江西省10个贫困县（市）两大战略推进的耦合程度。其中，在对脱贫攻坚方面的测度评价中，由于数据的可获得性的限制，他们仅选用了能直接反应脱贫水平的

"贫困发生率"一个指标;在对乡村振兴方面的测度评价中,他们与大多数学者保持一致(张挺等,2018;闫周府等,2019),选择了"二十字"方针五个维度共 20 个指标构建评价体系。随着有效衔接认识和理论的发展,廖文梅等(2020)又对评价指标进一步优化调整并将乡村振兴评价指标扩展到 22 个。

王志章(2020)同样运用耦合协同模型和贫困村层面 1 158 户农户微观调查数据研究发现,精准脱贫与乡村振兴目前处于初级互动阶段,衔接程度还不高。其在乡村振兴评价中延续了上述五个维度的传统划分方法,而在脱贫评价维度选择方面充分参考了国内外在多维贫困和可持续生计等方面的相关研究(Booysen et al.,2008;袁方等,2019),选取了经济、资本、生态、保障等七个维度对两大战略的实施成效进行测度。王志章(2020)基于两大战略融合逻辑的进一步认识,并针对传统 TOPSIS 法、ELECTRE 法、主成分分析法和层次分析法可能存在应用限制与评价准确性问题,更新了测算方法,从新的视角重新构建了有效衔接评价体系,并将指标精简到 15 个。

高静(2020)从脱贫攻坚与乡村振兴的根本遵循、目标方向、内容方法三个方面对有效衔接的概念内涵进行了界定,并在此基础上提出两者统筹衔接的理论框架和评价指标体系。相对于上述文献而言,该研究则更加侧重从物质保障和农户可持续生计方面进行评价,分别从发展能力、物质水平、生活水平、权益保障、心理健康五个方面对凉山彝族自治州彝族聚居区脱贫攻坚领域进行考量,并同样进行了与乡村振兴发展的耦合协同评价。蒋雨东、王德平(2020)基于广西 N 县入户调研数据,采用熵值法对脱贫攻坚和乡村振兴指数进行测算,并运用耦合协同模型对两者进行衔接程度评价。其在脱贫攻坚层面主要选取了"两不愁""三保障"、经济发展能力、社会权益四个维度进行评价,在乡村振兴层面同样参照了"二十字方针"的五个维度。田万慧(2021)运用涵盖了甘肃省各县(区)和深度贫困地区的 560 户实地调查数据,也进行了类似的指标构建探索和测度讨论。

与上述文献采用耦合协同理论对衔接情况进行测度不同,张琦(2021)认为,衔接过渡期对我国贫困治理能力提出了更高要求,因此尝试从贫困治理绩效视角科学构建评价体系可以对有效衔接的具体情况进行较好测度。在指标的分类和选择上,其创新性地将评价指标分为巩固类指标、拓展类指标和衔接类指标三类,从产业扶贫、绿色减贫、文化扶贫等角度出发,测算了脱贫攻坚与乡村振兴五个维度的综合衔接程度。

1.2.4.2 关于贫困问题和区域发展评价的相关研究

从有效衔接的基本内涵来看,巩固脱贫攻坚成果和推进乡村振兴构成了评价体系中不可或缺的两个方面。以往的研究在贫困治理和社会发展等方面的评价过程中均作出了大量的有益探索，可以为开展脱贫攻坚和乡村振兴相关测度评价提供经验借鉴。例如，联合国的人类发展指数（HDI）、牛津大学的多维贫困指数（MPI）、美国哈佛大学的社会进步指数（SPI）以及我国国家统计局的全面小康指数、乡村振兴指数、高质量发展指数和绿色发展指数等。

其中，HDI 主要包括三个部分，分别体现人的身体健康、文化水平和生活质量方面的情况。鉴于 HDI 本身存在的一些短板，比如在评价维度方面忽略了指数增长与发展的可持续问题（Neumayer，2001），平均权重的设计也越来越难以适应随着社会发展而带来的指标边际贡献率变化（Ravallion，2012），学者们又对 HDI 指标体系进行了完善和丰富，陆续提出和增加了关于性别平等、收入差距等方面的评价内容，并随着应用领域的进一步拓展，其在理论发展、测评维度和指标选择等方面也更加系统和多元化。例如，周恭伟（2011）在 HDI 的基础上，从脱贫和公平两个维度对其评价领域进行了拓展，提出了中国人类发展指数（CHDI），并最终测算形成了我国各省、自治区、直辖市的脱贫指数、公平指数以及国内生产总值指数。黄凯南（2016）指出了传统的以经济发展为导向进行县域发展评价的可能短板和弊端，并借鉴了 HDI 评价方法，构建了以人为核心的县域发展评价体系，将评价维度设定为收入、教育和生活三个方面，评价指标拓展至 12 个。田建国等（2019）从健康、教育、城乡一体、生活水平、应对气候变化五个维度提出了新时代人类福祉的理论框架和指标体系。

MPI 是对 HDI 的进一步完善。该体系分别从健康状况、教育程度、生活质量三个方面来测度贫困状况，并对每个维度被剥夺情况进行评价（Alkire，2011）。由于该体系对农户家庭或个体层面相关的指标有较高要求，目前国内大多数研究通常使用中国健康与营养（CHNS）数据（张文武等，2019）、中国家庭追踪调查（CFPS）数据（高帅等，2016；张全红，2019）或入户调研数据（揭子平等，2016；杨龙等，2019）进行测度。也有部分学者基于多维贫困的基本原理和测评方法，结合脱贫攻坚所处阶段特征，将评价维度和指标进行拓展，应用于我国贫困地区的测度和实践。郑长德等（2016）从县级行政单元出发，分析了我国集中连片贫困地区各贫困维度的状况，并对各县多维贫困指数的动态演化情况进行了比较分析，评价维度和评价指标也拓展为五个维度、13 项指标（包含了对农业和非农产业、内外部风险等多个维度的评价）。沈扬扬等（2018）基于我国扶贫政策的演变分析和"两不愁三保障"的具体要求，从教育、健康、居住条件、资产和收入、就业五个方面构建了评价体系，分析了我国农村地区多维贫困的阶段性变化和扶贫政策重点调整的关联性。

SPI 是对社会进步程度的综合性测度，旨在补充单一的国内生产总值评价不足，提供了人类、社会和环境进步的不完整图景。该评价体系由人类基本需求、福利基础和机会三个方面构成，随后发展为 12 个领域的 50 项指标，已经实现了对 149 个国家和地区、全球 98%的人口的全部覆盖。基于我国第一个百年奋斗目标，国家统计局制定了全面小康的评价方法，并从 2008 年开始，以经济、社会、生活等六个维度的 23 项指标（随后演变为五个维度的 39 项指标）对全国小康水平进行年度评价，为推进社会发展综合评价研究提供了方向。各级政府和学者（赵颖文等，2016；李春根，2018；黄瑞玲等，2018）也对评价体系的完善和应用起到了重要作用。

1.2.4.3 关于乡村振兴或农业农村相关评价体系的研究

每一次中央对农业农村的关注和政策发布均会引发学者们对重点领域评价体系构建的研究热情，特别是 2018 年《乡村振兴战略规划（2018—2022 年）》发布以来，以之为指导的乡村振兴指标体系的研究方兴未艾。学者们分别对省级层面（吕承超，2021）、县域层面（毛锦凰，2021；易小燕，2020）和乡村层面（韩欣宇等，2019）的指标构建与评价进行了大量探讨。

张挺等于 2018 年发表于《管理世界》的村域指标体系具有最高的被引频次（152 次）和较大的影响力。他们认为，评价体系构建对部署落实战略实施、促进要素有效流动具有重要意义。他们基于全国 235 个乡村的调研结果，结合"二十字方针"五个方面和相关文件精神，构建起五个维度、15 个评价方面和 44 项基础指标的评价体系，并将脱贫攻坚"两不愁三保障"相关任务目标融入乡村振兴框架之中，选择了农村贫困人口发生率、安全饮用水普及率、人均合格住房面积、恩格尔系数等指标。

贾晋等（2018）发布的关于县级层面评价和实证成果以 90 次的被引用量排在第二。其研究成果基于乡村振兴目标任务"五位一体"的逻辑关联和系统分析，同样采用了从五个维度进行评价的思路，并进一步提出产业六化、宜居四率、文明三风、治理三治和收入三维共 19 个细分维度和 35 项具体指标。闫周府等（2019）从我国城乡二元分割走向融合发展的视角出发，充分考虑乡村发展的共性特征和区域差异性，对 2020 年农业农村发展的指标目标值进行了设定。在与上述文献同样五个维度划分的基础上，他们在产业兴旺维度提出了体现农业内涵式增长，认为生态宜居应注重整体的升级，乡风文明应包含物质文明和精神文明两个方面，注重建立现代乡村治理体制，并将消费结构、交通可达性、社会保障水平等方面纳入生活富裕维度的评价。

另外，关于中国全国和各地区农村发展进程的测度评价（韩磊，2019）、农业绿色发展水平评价（赵会杰，2019）、农业现代化发展评价（安晓宁，2020）、农业高质量发展测度（王静，2021）等方面的大量探索均为脱贫攻坚与乡村振兴有效衔接评价体系的构建和指标选择提供了研究基础与参考借鉴。

1.2.5 脱贫攻坚、乡村振兴战略与乡村转型发展

随着"农村"的称谓向"乡村"转变，其背后的关键含义是不再把"乡村"视为一个单纯的生产部门，更多地将其看成一个社会组织载体、文化主体、伦理主体（张孝德等，2019）。消除贫困和实现农村现代化是一个综合性的目标，不仅关系农户收入的提升，还涉及社会保障、社会治理等多方面的要求。随着脱贫攻坚和乡村振兴战略的不断推进，我国农村地区社会经济文化等方面均发生了巨大变迁。大量研究从乡村发展变迁的视角阐述了脱贫攻坚和乡村振兴战略对促进我国乡村转型（或农村转型）发展起到的积极作用（陈浩，2020），而曹苗苗等（2020）从主动转型的视角认为通过乡村的转型能够有效提高农业农村活力，加速转型对促进有效衔接具有积极作用。

从具体概念界定来看，国际上一般采用国际农业发展基金会（IFAD）关于农村转型（rural transformation）的相关定义。黄季焜（2020）在 IFAD 定义的基础上，提炼出农业生产商品化、农业劳动生产率、非农就业三项具体指标对农村转型情况进行评价。除了从生产力发展水平进行定义外，魏后凯等（2017）认为，农村转型表现为农村在各个领域发生的重大变化和转折，从具体领域看，可分为经济转型、社会转型、生态转型等多个维度，而农业转型升级构成了农村转型发展的核心内容。

在农业发展转型方面，宁夏（2019）基于我国农业产业的发展进程变迁和农业多功能理论，对农业内涵和外延的变化进行了讨论，认为我国农业发展正向多功能"大农业"转型。在乡村振兴发展阶段，优质农产品需求的增加、乡村旅游的发展、休闲体验农业的兴起、农村康养产业的出现又进一步促进了农业产业发展转型和乡村价值的全面实现，重构了农业同乡村、农民之间的联系。钟君（2017）从产业结构转型与农村减贫视角出发，实证分析了西南地区农业产业转型与减贫效果的关系。其研究发现，由于区域特征差异，在贵州省、四川省和重庆市增加第三产业结构比例对减贫能够起到积极作用，但对于广西壮族自治区来说，发展第一产业具有更好的"益贫"效果。马晴等（2021）在对重庆市茶山村的案例分析的基础上，对挖掘农业的多功能和乡村

振兴路径进行了讨论。在相关政策的引导下，茶山村通过打造乡村旅游品牌、引入新型经营主体、发展特色农业，实现了由单一的农业生产向农业多功能发展的转型，形成了产业融合发展的新格局。

在此基础上，相关学者开展乡村发展作用机理分析。张富刚、刘彦随（2018）根据发展动力差异将中国农村发展模式划分为外源驱动和自我发展两类，并引入力学平行四边形法则演绎乡村发展内生与外源动力之间的关系。内生性因素包括资源环境、地理区位、经济基础、人力资本、社会资本、内源性偶然因素等，外源性因素包括制度安排、专业技术、国内外市场、宏观经济环境、政府政策、外源性偶然因素等。各种影响因素对村域发展的作用大小难以精确刻画，其主导地位和作用效应差异明显，并且彼此间存在复杂的非线性交互作用，使得村域发展的路径和状态各异。曾尊固（2015）认为，市场、产品、农民组织化程度和农村经济发展水平四项因素直接影响农业"产加销"各环节作用方式，进而决定了农业产业化地域模式的形成。区位条件、资源环境则作为外部条件影响主导产业的选择以及市场指向。不同影响因素的组合存在差异，进而形成不同的发展模式。龙花楼（2016）从"要素-结构-功能"关联视角出发，基于农村发展动力源的差异性，将村镇建设和农村发展模式划分为外援驱动型、内生发展型和内外综合驱动型三类。张小林等（2018）认为，城乡关系变化改变乡村要素组合方式，在不同空间形成多样的乡村类型。其基于城乡相互作用理论，构建了包括要素、城乡联系、空间三个核心元素在内的城乡相互作用概念模型，提出了资源置换型、经济依赖型、中间通道型和城乡融合型四类模式。

在村庄转型方面，李伯华等（2019）认为，村落环境是一个不断运行的开放系统，其转型发展包含了空间环境、自然环境、社会环境等多个维度。转型动力来源主要可以分为城市文化扩张带来的观念渗透、乡村旅游发展带来的基础服务设施提升需求、产业发展引发的土地利用结构变化等方面，而乡村振兴政策和相关法规进一步加快了传统村落的转型。周国华（2020）指出，在国家政策的驱动和城镇化、市场化的冲击下，乡村的生产、生活、生态结构将发生转变和整合，乡村的空间组织、形态和景观等方面均随之进行重组，乡村聚落的转型是乡村转型的一个重要方面。章军杰（2021）基于茶卡新村（易地扶贫搬迁村）的生产空间与社会变迁研究发现，在行政力量的干预下，通过土地流转、退耕还林等政策和安全饮水、道路硬化、电网改造等多个扶贫项目支撑，茶卡村的空间形态和构造发生了重大变化，完成了贫困村向脱贫村的转变。在乡村振兴的不断推进和工商资本的进一步注入背景下，茶卡村的生产与消费形态也发生了根本性的转变，完成了由工业制盐向盐湖景区的转型，由传统农耕经济向旅游服务的转变。原有的基于血缘、地缘的社会关系也随之发生转变，逐步形成了基于产业链协作的新社会关系。

在乡村治理转型方面，脱贫攻坚的实施在很大程度上带动了农村治理体系的重构，其主要内容包含了基层党组织建设、加强群众联系、全民参与等议题（吕方，2020）。渠鲲飞、左停（2019）指出，易地搬迁项目在实现贫困农户生产生活空间调整的同时，也改变了其社会空间。政府、社会、资本三方基于共同利益的协同治理，有效延续了移民的社会网络，优化了生计资本，最终实现了稳定脱贫。陈浩天（2020）讨论了贫困治理中国家与农户互构式治理框架，认为互构式治理主要体现在由国家的强制性介入农户的适应性改造，是国家与乡村社会相互塑造的过程。胡小君（2020）从农村党组织建设的视角讨论了乡村振兴战略对基层治理体系的重塑。其指出，随着快速城市化的冲击和城乡二元结构的影响，农村党组织也出现"空心化"和"老龄化"等特征，乡村振兴战略的提出对基层党组织建设和重塑治理体系起到了积极作用。党的领导、全民参与、法治保障的乡村社会治理体制逐步形成，打破了农村社会"原子化"和对公共事务漠不关心的局面，提高了小农户组织化程度和生产经营竞争力。

1.2.6　文献述评

以上文献梳理难免挂一漏万，但总体来看，现有研究在脱贫攻坚与乡村振兴有效衔接的逻辑关联、实践路径、政策衔接、体制机制衔接等方面形成了丰富成果，也对各地有效衔接情况的测度进行了初步探讨，这些成果对本书的研究有较好的启示和参考借鉴价值，对完善有效衔接研究框架起到了重要作用。但是，这些研究仍存在以下可改善之处和深入研究方向：

（1）已有研究大多集中于对有效衔接的宏观探讨，但未形成相对完善和逻辑自洽的理论框架，且存在对有效衔接的内涵和概念界定不清的问题。

关于有效衔接的讨论主要可以分为"阶段论""有机论""协同论"和"对策论"，对有效衔接的概念内涵、外延界定不清。其主要原因在于，忽略了脱贫攻坚和乡村振兴推进阶段变化的动态性，对两者衔接关系的阶段性和复杂性认识不足。相关研究有必要继续加强理论探讨，在阐明两者有效衔接的逻辑和思路的基础上，围绕有效衔接的内涵演变、重点任务和理论内核形成系统分析框架。

（2）关于有效衔接的路径讨论大多停留在经验层面，缺乏从我国农村改革发展历程视角的学理分析，对策建议的科学性和可行性尚未证实。

关于两者有效衔接的路径，已有研究多从乡村振兴的"二十字方针"要求或"五大振兴"对应领域提出两者的衔接路径，如产业、文化、人才、生态、组织等衔接路径，但研究较为零散，缺乏对有效衔接路径思路和区域特征差异的系统性分析。仅从现象表面探讨有效衔接的路径和建议则可能忽视了脱贫攻坚的伟大历史成就及与乡村振兴战略对我国农业农村改革发展和乡村转型的重大意义与启示作用。因此，相关研究有必要从我国脱贫攻坚和农业农村发展历程的角度对两者衔接命题进行探讨，并基于历史数据和测算对其路径进行描述分析。

（3）关于有效衔接测度评价的研究尚处在起步阶段，可参考的文献较少。现有研究单以耦合度或协同度来解释有效衔接具有一定的局限性。

第一，有效衔接包含了脱贫攻坚成果巩固和乡村振兴两个重大领域的内容。两项工作同等重要，不可偏废，有效衔接指数同样需要体现对两者发展程度和协同程度两个方面的测度，即有效衔接的根本目标是实现两大领域的高发展度和高协同度。第二，已有研究在评价维度划分和指标选择上大多忽视了相关性问题，如在统筹两大领域进行指标体系构建时，生活富裕维度和农户脱贫能力维度均包含了对收入消费类指标的描述，导致重复指标或相似评价维度的出现。第三，已有研究缺少从系统功能角度对指标体系构建进行阐述，对评价维度和评价指标的选取缺乏较好的理论指导。另外，无论是脱贫攻坚还是乡村振兴均是涉及多个部门和多个领域的系统性工程，相关研究在进行评价体系设计时，有必要充分利用扶贫、民政、教育、住建、交通等相关部门数据进行综合测度。

（4）已有成果侧重于对某一区域和某一年度衔接指数或耦合指数的统计描述分析，缺乏对纵向时序特征和横向空间分布方面的讨论。

脱贫攻坚与乡村振兴发展历程以及两者有效衔接过程均是动态的和多维的，具有时间和空间转变的复杂性。目前，关于有效衔接测度的相关文献还未形成系统全面和理论完善的时空演变规律分析，缺乏对衔接的演进路径的具体把握和分析讨论。因此，相关研究有必要延伸有效衔接的时间和空间维度，对整个脱贫攻坚过程中我国农村脱贫和农业农村发展的阶段特征与空间分布进行分析，以形成关于有效衔接相对系统化和完善的研究成果。

（5）现有研究尚未对有效衔接格局形成机理进行深入研究，缺乏基于有效衔接理论内核和驱动因素的整体机理分析。

脱贫攻坚和乡村振兴的推进均具有空间异质性，相关研究需要考虑各研究对象区域自然资源、区位条件以及社会经济发展阶段等方面的差异和的影响，还应考虑与各维度测算结果相对应的贫困治理转型、农业生产转型、乡村建设转型以及乡村治理转型等各个方面的变化情况，并进行机制分析，以期针对有效衔接的具体路径提出更加系统和科学的对策建议。

1.3 研究内容和研究方法

1.3.1 研究内容

本书按照"问题提出→理论探讨→测度评价→路径探索→结论展望"的基本结构，共分为八章。各章研究内容如下：

第1章 绪论。本章主要基于重要政策文件精神，从2015年脱贫攻坚开始，到2017年乡村振兴提出，再到2020年、2021年和2022年中央对有效衔接的部署，从有效衔接的提出背景及对其测度评价的现实需求方面进行了论述，分析了湖南省巩固脱贫攻坚成果与乡村振兴有效衔接的理论和现实意义。同时，本章从关于贫困的内涵、有效衔接的宏观讨论、关键路径、测度分析和乡村转型发展五个方面对现有研究进行了梳理和归纳，并对其局限性和值得进一步研究的空间进行了探讨。本章明确了本书的逻辑主线、内容构成、研究方法和创新等内容。

第2章 理论基础。本章梳理和借鉴了反贫困理论、习近平总书记关于农村发展的重要论述、可持续生计理论、乡村转型发展理论、耦合协同理论等理论观点，为湖南省巩固脱贫攻坚成果与乡村振兴有效衔接问题的研究提供理论和方法支撑。

第3章 巩固脱贫攻坚成果与乡村振兴有效衔接的理论探讨。本章基于我国扶贫开发和农村改革发展历程，对两大战略的内在逻辑进行了讨论，并在对近年来中央政策文件和习近平总书记关于有效衔接的重要论述梳理的基础上，对其内涵的阶段性演变和发展进行了阐述。本章通过扎根理论的运用，系统性归纳提炼出现阶段有效衔接的理论内涵和外延，为后续开展具体测评工作和机理分析提供理论支撑与研究基础。

第4章 湖南省脱贫攻坚成果与乡村振兴有效衔接的动因。本章从乡村振兴面临贫困治理转型、新目标新任务、国内外新形势新环境等研究内容和框架出发，剖析从巩固脱贫攻坚成果到乡村振兴的有效衔接的动因，旨在从逻辑上回答巩固脱贫攻坚成果与乡村振兴"为什么"要实现有效衔接的问题。

第 5 章 湖南省巩固脱贫攻坚成果与乡村振兴的衔接现状。首先，本章从农民收入增长成果、产业发展成果和"三保障"方面成果等对湖南省脱贫攻坚取得的成果进行了分析。其次，本章以 2020—2022 年《湖南乡村振兴报告》的数据为基础，对湖南省乡村振兴现状进行分析。再次，本章对湖南省脱贫攻坚成果与乡村振兴目标的差距进行了详细分析。最后，本章从体制机制不畅、人才支撑不足、产业基础薄弱等几个方面来分析湖南省巩固脱贫攻坚成果与乡村振兴有效衔接的现实障碍。

第 6 章 湖南省脱贫攻坚与乡村振兴有效衔接的评价体系与测度分析。本章基于新阶段有效衔接的科学内涵，着重探讨了有效衔接评价指标体系的构建思路、构建原则、评价框架和指标选择。本章参考借鉴了 HDI 测量方法、多维贫困指数、乡村振兴指标体系、耦合协同理论等相关研究成果，明确了有效衔接指数计算的具体步骤。本章通过指标数据极差标准化法、熵权法与专家调查法的组合赋权法对湖南省 51 个摘帽县 2020 年推进有效衔接的情况进行了初步测度，并针对各县脱贫攻坚成果巩固拓展、乡村振兴发展两个方面六个维度的发展情况和有效衔接水平进行了总体分析。

第 7 章 湖南省巩固脱贫攻坚成果与乡村振兴有效衔接的路径选择。本章从以下几个方面提出湖南省巩固脱贫攻坚成果与乡村振兴有效衔接的路径选择：一是从强化党的领导力、优化政府引导力、激活市场原动力、发挥社会驱动力、激发农民主体性等多元主体联动形成衔接合力；二是从构建湖南省乡村产业体系、建设湖南省乡村振兴人才队伍、厚植湖南省乡风文明的精神沃土、培育湖南省生态农业和完善湖南省乡村治理体系五大内容协同促进提质升级；三是从观念理念有效衔接、发展规划有效衔接、体制机制有效衔接、突出农民增收有效衔接和政策保障有效衔接等多维工具集成提供有效衔接保障。

第 8 章 研究结论、政策启示与研究展望。本章对上述各章的研究内容和结果做了进一步讨论和提炼，并在此基础上提出推进有效衔接的相关政策建议，针对本书的局限性和下一步研究计划作出展望。

1.3.2 研究方法

1.3.2.1 文献分析法

文献分析法是社科研究中的常用方法。本书通过对有效衔接的宏观探讨、关键路径、测度分析、乡村转型等现有成果进行回顾、梳理和总结，并充分结合习近平总书记关于农村发展的重要论述、反贫困理论、可持续生计理论、城乡融合理论和乡村转型理论的基本理论观点，以中央文件精神和习近平总书记的重要论述为核心，对有效衔接的理论内涵进行推演，并遵循主流研究范式，确保了分析的严谨性和科学性。

1.3.2.2 社会调查法

2020—2022 年，笔者与湖南省乡村振兴局等部门就有效衔接问题共同开展了多次实地调查，完成了对隆回县、洞口县、武冈市、溆浦县、洪江市、麻阳县、永顺县、龙山县、通道县、新化县等部分具有代表性的县、市实地走访、县政府主要部门座谈研讨、村干部问卷访谈等，在有效衔接统计监测制度和评价指标体系构建过程中也进行了多轮研讨和专家意见征询，为后续研究奠定了良好基础。

1.3.2.3 综合定量分析法

本书在对有效衔接科学内涵的提炼的基础上，通过构建有效衔接评价指标体系，以湖南省 51 个摘帽县为研究样本，定量评估了湖南省 2020 年脱贫攻坚成果巩固、乡村振兴以及两者有效衔接推进情况。

1.4 本书的创新点

1.4.1 提炼出脱贫攻坚与乡村振兴有效衔接的科学内涵

目前，关于有效衔接的理论探讨多偏向宏观层面，缺乏对其概念的清晰界定和完善的理论框架。明确有效衔接的科学内涵并对其理论内核和外延进行界定，是后续实现测度评价和机理研究的重要基础。本书在对现有成果相关讨论梳理的基础上，通过中央文件精神和习近平总书记重要论述界定了有效衔接的理论内涵和外延，并借鉴农村发展和反贫困相关理论观点，对有效衔接是什么、如何科学测度评价、历史演进和现状、内在机理等一系列问题进行了回答，在一定程度上丰富和完善了有效衔接的理论探讨。

1.4.2 构建了有效衔接评价指标体系并优化了传统维度设计

本书基于现阶段有效衔接的科学内涵，着重探讨了有效衔接评价指标体系的构建思路、构建原则和具体框架，明确了有效衔接指数计算的具体步骤。目前，关于有效衔接方面的测度成果较少，且在评价维度划分和指标选择上大多忽视了相关性问题，重复指标或相似评价维度地出现在一定程度上影响了权重分配和最终结果的科学性。本书在对有效衔接理论内涵进行分析的基础上，优化了评价维度的设计，考虑了评价维度的相关性问题，遵循了评价维度的代表性原则,将相关范畴进行了合并,如将乡村振兴领域的"乡风文明"和"治理有效"相关内容统一提炼为"乡村治理提升"范畴,将属于"生活富裕"的各项描述归入"稳定脱贫能力"范畴。

1.4.3 探讨了促进有效衔接的主要因素和内在机理

在对农村发展理论和反贫困理论相关研究成果、主要观点进行梳理的基础上,本书对促进有效衔接发展的主要因素加以分析和讨论,特别是基于调研情况,提出了乡村主动转型的思路,将政府转型发展意愿作为一项重要因素纳入分析模型中。

2 理论基础

2.1 反贫困理论

减贫是一个世界性的永恒课题。西方国家在工业化进程中也常常被农村的贫困问题所困扰，因此西方的许多学者很早之前就开始从政治学、社会学、经济学等多学科视角对贫困及治理进行了深入研究，形成了一系列不同维度和视角的反贫困经典理论。

18世纪中后期至19世纪中后期，马尔萨斯（Malthus，1789）的抑制人口增长理论，蒲鲁东（Proudhon，1840）和马克思、恩格斯（1867）具有鲜明阶级特征的反贫困思想等，都蕴含着人类对贫困问题的早期探索。20世纪中期以来，罗格纳·纳克斯（Ragnar Nurkse，1952）的贫困恶性循环理论，库兹涅茨（Kuznets，1955）的增长、不平等与贫困理论，赫希曼（Hirshman，1958）的极化-涓滴效应学说，阿尔伯特·赫希曼（Albhert Otto Hirschman，1958）的经济增长不平衡模式理论，西奥多·舒尔茨（Theodore Schultz，1960）的人力资本理论，保罗·罗森斯坦·罗丹（Paul Rosenstein Rodan，1961）的大推进理论，刘易斯（Levis，1954、1966）的二元经济结构模型理论与文化贫困理论，缪尔达尔（Myrdal，1971）的贫困制度分析方法，所罗门（Solomon，1976）的赋权理论，阿马蒂亚·森（Amartya Sen，1981，1999）的权利贫困理论与能力贫困理论等反贫困理论相继被提出。但总体上，反贫困理论可以划分为个人主义反贫困理论与结构主义反贫困理论（高强，2020）两大流派。

个人主义反贫困理论不主张国家的介入和干预，认为经济增长是推动持续减贫的决定性因素和主要力量。与此相对应的反贫困理论解释是赫希曼（Hirshman，1958）的极化-涓滴效应学说。二战结束后，赫希曼提出的涓滴理论在美国开始兴起，受到了许多凯恩斯主义者和市场经济决定论信徒的追捧。该理论认为，政府并不必给予贫困地区和贫困群体特殊的照顾和优待，只要通过全国大范围内经济的发展、财富的增加、就业的提供、消费的刺激，就最终一定能够惠及穷人，使贫困群体受益。这一理论一经提出，就引起了学界的广泛争议，甚至遭到一些学者的强烈批评。然而，不可否认的是，随着时间的推移，在扶贫实践中单纯依靠经济增长的涓滴效应逐步递减。事实上，也有大量的生活经验表明，个人主义反贫困理论及扶贫实践存在着明显的误区。如果没有国家公平正义的收入和财富分配制度以及政府、社会等贫困治理的外力手段和措施的介入，仅仅依靠市场机制下的经济发展，普通老百姓和穷人不仅从富人那里"涓滴"不出什么东西，而且往往会导致富人越富、穷人越穷，甚至还会造成"富者田连阡陌，贫者无立锥之地"的极端贫困问题的发生。

一些学者开始对贫困治理的理论进行反思，如瑞典经济学家缪尔达尔（Myrdal，1957）与涓滴理论针锋相对，提出了回波效应理论（backwash effect），认为由于发达地区和落后地区经济收益差异的存在，资本、技术、人力等非常重要的生产要素必然会由落后地区流入发达地区，最终会导致落后地区越来越贫困。阿德尔曼（Adelman，1974）的研究也同样发现，发展中国家的经济增长并没有产生"向下滴注"，反而形成了"向上涓敛"（tickle-up）。如果单纯依靠"经济涓滴"，采取"大水漫灌"式扶贫模式，不但难以取得预期的脱贫效果，而且会导致严重的贫富分化。这就要求贫困治理在理论和实践上寻求新的突破——结构主义反贫困理论与中国的精准扶贫实践应运而生。

结构主义反贫困理论认为，贫困治理需要政府通过政策、制度的干预与再分配，主张要从国家层面实施有利于抑制社会分化的普遍性社会政策。例如，西奥多·舒尔茨（Thedore Schultz，1960）提出了人力资本理论，认为人口质量的提升是穷人摆脱贫困的决定性因素，应当从两个方面着力：一方面，政府应该在医疗卫生条件上加大投入，提高贫困群体基本的身体素质和健康水平；另一方面，政府应当注重对贫困人口科学文化素质的培养、知识能力水平的提升。所罗门（Solomon，1976）提出了赋权理论（增权理论），认为贫困群体因为缺乏生活能力、表达能力、合作能力等方面的能力，所以处于比较弱势的状态。阿玛蒂亚·森（Amartya Sen，1999，1981）也表达了类似的观点，提出了能力贫困理论和权利贫困理论，强调指出贫困的本质是能力的匮乏，必须要加强对贫困群体经济能力、社会能力、政治能力和防护性保障等方面的建设，为他们提供与富人群体同等的权利、机会和能力。

上述观点共同说明，贫困治理必须将内生能力的培育与外部政府的帮扶有机结合起来，必须改变西方国家因秉持涓滴理论而使减贫陷入停滞的困境

（张琦、孔梅，2020），继续丰富和发展反贫困理论。事实上，我们也必须正视和承认，在中国农业农村的改革发展中，贫困地区和普通农民的权利、机会、能力，实际上还是受到了不同程度的限制，一些地方和人口可能被排斥在优质资源配置和优先发展机遇之外。例如，从中国的实际发展情况来看，国家区域发展的优先次序、长期的城乡二元结构体制、非均衡发展战略、城乡二元户籍制度等虽然都具有一定的历史必然性，但是也的确是造成中西部一些地区的农村及农民贫困发生与存续的重要制度诱因。

在这样的理论认识基础上，从 2013 年开始，我国提出精准扶贫方略，并将脱贫攻坚上升到国家治理的战略高度，强调要用好外力、激发内力、形成合力，强调要一体推进物质扶贫、精神扶贫、文化扶贫、人才扶贫、组织扶贫、生态扶贫并重的扶贫模式。到 2020 年年底，我国如期完成脱贫攻坚目标任务，历史性地解决了绝对贫困问题，铸成了伟大的脱贫攻坚精神，形成了中国特色反贫困理论。需要注意的问题是，绝对贫困的消失并不意味贫困的终结（许源源，2020）。这时候，实施乡村振兴战略已经在党的十九大上应运而生，成为推动持续减贫的制度性保障。这表明，乡村贫困治理与乡村振兴同步推进（许源源，2020）。

2.2　习近平总书记关于农村发展的重要论述

党的十八大以来，习近平总书记对农业、农村、农民问题发表了一系列重要论述。在中央经济工作会议、中央城镇化工作会议以及中央农村工作会议上，习近平总书记全面深刻阐述了"三农"工作中带有全局性、方向性、战略性的重大问题，提出了一系列新理念、新论断、新举措。这些重要论述和战略要求，在粮食生产实现"十连增"的背景下，对于促进社会主义新农村建设，具有很强的现实针对性和深远的指导意义。

2.2.1　坚持把解决好"三农"问题作为全党工作重中之重

早在 2006 年，习近平在浙江主持工作时就强调，解决好"三农"问题是全党工作的重中之重。习近平总书记强调："农业是安天下稳民生的战略产业。"粮食生产在任何时候都不能放松，解决吃饭问题始终要靠农业。习近平总书记指出，要从执政兴国的战略高度充分发挥农民群众在"三农"发展中的主体作用，不断增强解决"三农"问题的本领；要自觉地把"重中之重"

的要求落实到领导决策、战略规划、财政投入、工作部署和政绩考核上来，形成全社会支持农业、关爱农民、服务农村的强大合力和良好氛围。

新世纪新阶段，确保我国粮食安全和重要农产品有效供给的任务十分艰巨。随着城乡居民对农产品的消费需求的变化，我国部分农产品供给增幅赶不上需求增长速度的矛盾已经显现，农产品供求呈现"总量基本平衡、结构性矛盾突出"的局面。为了满足社会对农产品快速增长的消费需求，近年来，我国对部分农产品的进口数量明显增加。然而，正如习近平在 2012 年中央经济工作会议上指出的"我国有 13 亿人口，只有把饭碗牢牢端在自己手中才能保持社会大局稳定。"

面对新情况新问题，党的十八大报告指出："解决好农业农村农民问题是全党工作重中之重。"2013 年 12 月 24 日召开的中央农村工作会议上，习近平总书记再次强调："我国是个人口众多的大国，解决好吃饭问题始终是治国理政的头等大事。""小康不小康，关键看老乡""坚持把解决好'三农'问题作为全党工作重中之重"。

习近平总书记强调，要从治国安邦的高度认识粮食安全的极端重要性，把确保国家粮食安全放在经济工作的首位。习近平总书记指出，保障国家粮食安全是一个永恒的课题，任何时候都不能放松这根弦。中国人的饭碗任何时候都要牢牢端在自己手上。十几亿中国人不能靠买饭吃、找饭吃过日子，不能把粮食安全的保障寄托在国际市场上。否则，一有风吹草动，就要陷入被动。同时，我国要进一步明确粮食安全的工作重点，合理配置资源。这具体包括：要确保口粮绝对安全；要守住 18 亿亩耕地红线；要调动和保护好"两个积极性"；要善于用好两个市场、两种资源，适当增加进口和加快农业走出去的步伐。

2.2.2　在工业化、信息化、城镇化深入发展中同步推进农业现代化

早在 2006 年，习近平在浙江主持工作时就强调："加快建设现代农业，转变农业增长方式，全面提高农业综合生产能力，是当前十分重要而紧迫的任务。"习近平总书记指出，用现代发展理念指导农业，抓住当前科技进步、产业重组、生产要素转移加快的机遇，着力转变农业增长方式，促进农业与工业、农业与信息产业的融合程度，不断提高农业的产业化、国际化、现代化水平。

从我国的国情看，再靠增加自然资源的投入来发展农业已没有多少余地，再靠增施化肥农药来增加农产品产量不仅提高了成本更会破坏环境。因此，党

的十八大报告强调："坚持走中国特色新型工业化、信息化、城镇化、农业现代化道路……促进工业化、信息化、城镇化、农业现代化同步发展。"

要建设现代农业，除了需要进一步加强农田水利等基础设施建设、大力推进农业科技进步之外，加快农业经营体系创新、提高农民生产经营活动的组织化、社会化程度，已成为加快我国农业现代化建设的重要途径。2013年11月12日通过的《中共中央关于全面深化改革若干重大问题的决定》指出，从我国人多地少的基本国情出发，坚持家庭经营在农业中的基础性地位，推进家庭经营、集体经营、合作经营、企业经营等共同发展的农业经营方式创新。2013年12月24日，在中央农村工作会议上，习近平总书记再次指出："坚持和完善农村基本经营制度。"这是党中央针对农业发展新形势提出的进一步深化农村改革的重大任务。它进一步明确了农业经营方式转变的方向，即要在稳定和完善以家庭承包经营为基础、统分结合的双层经营体制的基础上构建新型农业经营体系。

2.2.2.1 坚持以家庭承包经营为基础、统分结合的双层经营体制

在我国农村，土地问题历来是一个关键问题。坚持党的农村政策，体现中国特色社会主义的性质，对于广大农村而言，首要的就是坚持农村土地农民集体所有，这是坚持农村基本经营制度的"魂"。同时，农业是一个是利用动植物的生命活动过程来生产产品的特殊产业。农业的这个显著特点，使得它更适合由家庭来经营。也正因为如此，当今世界，即便在那些农业最为发达的国家，家庭经营也仍然是农业生产经营中最基本的形式。

2.2.2.2 坚持多种经营形式共同发展的方向

国际经验显示，农业经营主体的多样化，是农业在向现代化演进过程中的必然现象。改革开放40多年来我国农业发展的经验证明，以家庭承包经营为基础、统分结合的双层经营体制，符合农业产业的特点、适应社会主义市场经济的要求，必须长期坚持、不断完善。在当前农业劳动力正在大规模向城镇和非农产业转移的情况下，加快构建以农户家庭经营为基础、合作与联合为纽带、社会化服务为支撑的立体式复合型现代农业经营体系，是农业现代化发展的客观需要。

2.2.3 让广大农民平等参与现代化进程、共同分享现代化成果

早在2006年，习近平在浙江主持工作时就强调，社会主义新农村建设的核心是人，归宿也是人。他指出："如果我们改变了农村的外在面貌，却没有改变农民的精神面貌，那么新农村建设还是在低层次开展。只有在建设新农

村、发展农业的同时，用现代文明、先进理念武装农民、提高农民，努力使农民成为具有新理念、新思想、新知识、新文化、新精神、新技能、新素质、新能力的新型农民，新农村建设才具有更加深远的意义和更加长久的活力，才能取得真正的成效。"因此，他反复强调，"三农"问题的核心是农民问题，要切实把提高农民素质、实现人的全面发展，作为"三农"工作的根本出发点和落脚点。

随着工业化、城镇化的快速推进，解决好"谁来种地"问题，日益成为影响我国农业农村发展的重大问题。党的十八大报告明确要求："坚持工业反哺农业、城市支持农村和多予少取放活方针，加大强农惠农富农政策力度，让广大农民平等参与现代化进程、共同分享现代化成果。"《中共中央关于全面深化改革若干重大问题的决定》指出："赋予农民更多财产权利。"这是农业农村农民发展的必要前提。2013年12月24日，在中央农村工作会议上，习近平总书记再次强调："通过富裕农民、提高农民、扶持农民，让农业经营有效益，让农业成为有奔头的产业，让农民成为体面的职业，让农村成为安居乐业的美丽家园。"具体而言，解决新时代农民问题要从以下几个方面入手。

2.2.3.1 推进城乡基本公共服务均等化

近年来，我国在全国农村建立了惠及1.3亿农村学生的免费义务教育制度，建立了覆盖97%的农民的新型农村合作医疗制度，建立了覆盖5 300万贫困农民的农村最低生活保障制度，建立了覆盖全体农民的新型农村养老保险制度。总体而言，我国覆盖全体农民的农村基本公共服务和社会保障的制度已经基本建立。这是一个了不起的成就。但是，我们也要清醒地看到，农村公共服务和社会保障的水平与城镇相比仍存在较大差距。因此，我们要让公共财政支出进一步向农村倾斜，坚持把国家基础设施建设和社会事业发展的重点放在农村，让农民能够更充分享受经济发展和社会进步的成果。

2.2.3.2 采取措施增加农民财产性收入

《中共中央关于全面深化改革若干重大问题的决定》指出："赋予农民对承包地占有、使用、收益、流转及承包经营权抵押、担保权能，允许农民以承包经营权入股发展农业产业化经营。"近年来，我国在健全完善土地征收补偿方面付出了很多努力，比如提高征地补偿标准、推进安置补偿争议协议裁决制度等，切实维护了农民的土地权益。然而，在广大农村，由于征地拆迁所引发的社会矛盾依然存在，个别地区甚至十分突出。究其原因，这或多或少都与同地不同价、不同权有关。要切实维护农民的土地合法权益，解决这一系列问题，需要切实完善集体土地征收与补偿制度，确保被征地农民合法权益；需要完善农村宅基地制度，依法保障农户宅基地用益物权；需要建立农村土地承包经营权流转市场，在依法自愿有偿的基础上，促进农村土地承包经营权流转。

2.2.3.3　大力培养造就新型农民队伍

农民是推动农业农村发展的内在动力。只有培养造就千千万万高素质的新型农民，才能保证社会主义新农村建设后继有人，才能将农村潜在的人力资源优势转化为现实的人力资本优势。我们要把培养青年农民纳入国家实用人才培养计划，要以吸引"80后""90后"年轻人务农为重点，建立政府扶助、市场主导、多元办学的农民教育培训体系，多层次、多渠道、全方位培养新型农民，为农业现代化建设和农业持续健康发展提供坚实的人力基础和保障。我们要突出抓好重点人群的培养。一方面，我们要抓好面向广大农民的教育培训和科学普及；另一方面，我们要着力培养一批种养能手、一批农民技术员、一批经营能人。

2.2.4　坚持走中国特色新型城镇化道路

早在2006年，习近平在浙江主持工作时就指出："三农"问题的本质是农民问题。城乡二元体制人为地造成了农民与市民的身份差别。我们要从根本上解决这个问题，不可能把所有的农民都搬到城里来，而必须在加快工业化、城市化，减少农民的同时，通过建设社会主义新农村，把传统的村落改造为让农民也能过上现代文明生活的农村新社区。因此，他认为，农村改革是一个系统工程，必须跳出"三农"看"三农"，努力构建促进"以工促农、以城带乡"的体制机制。我们要着眼于农村改革和其他改革的有机联系以及农村综合改革各项任务之间的内在统一，从整体上推进各项改革，为新农村建设提供不竭的动力。

党的十八大报告指出："城乡发展一体化是解决'三农'问题的根本途径。"我们要建立"促进城乡要素平等交换和公共资源均衡配置，形成以工促农、以城带乡、工农互惠、城乡一体的新型工农、城乡关系"。《中共中央关于全面深化改革若干重大问题的决定》强调指出："完善城镇化健康发展体制机制。坚持走中国特色新型城镇化道路，推进以人为核心的城镇化，推动大中小城市和小城镇协调发展、产业和城镇融合发展，促进城镇化和新农村建设协调推进。"

2.2.4.1　推进城市建设管理创新

我国地域辽阔，现有人口分布很不均衡。这一基本国情决定了我国城镇化不能像有些国家那样，在城镇规模上过于偏重发展大城市，只能因地制宜、分类引导，走大中小城市与小城镇相互协调和多样化发展的城镇化道路。我国要大力构建城市群、城市圈（群）等新兴城市化的空间组织形态，在保持大城市的规模效应和集聚经济的同时，又要着力防止城市过度扩张带来的"城市病"。在2010年印发的《全国主体功能区规划》中明确提出，要构建以"两横三纵"为主体的城市化战略格局。在城市建设规划设计上，我国要强化规划和特色，要按照统筹城乡发展的思路，对推进新型城市化和建设新农村进行统筹安排，对城市发展建设规划和新农村建设规划进行统筹考虑，特别是要充分体现出区域特点、文化特征，形成特色、注重品位、突出魅力。

2.2.4.2 推进农业转移人口市民化

城镇化的发展主要表现在两个方面：一是造"城"，即增加城镇数量；二是造"人"，即实现由农民到市民的转变。所谓新型城镇化，不仅仅是强调搭建起一座座漂亮的高楼大厦，而是强调要注重"人的城镇化"，从城镇产业化发展、生活设施、社会保障等方面实现城乡统筹发展，最终实现城里人与农村人的"无差别发展"。要实现"人"的城镇化，必须破除城乡二元体制的障碍。首先，我国要加快户籍制度改革。我国要全面放开建制镇和小城市落户限制，有序放开中等城市落户限制，合理确定大城市落户条件，引导人口有序迁移和适度聚集。其次，我国要着力推进农民工市民化。我国要稳步推进城镇基本公共服务常住人口全覆盖，把进城落户农民完全纳入城镇住房和社会保障体系，在农村参加的养老保险和医疗保险规范纳入城镇社保体系。最后，我国要推动公共服务均等化，为农民工提供与城镇居民同等质量的公共服务。我国要加快完善城乡劳动者平等就业制度，努力实现农民工与城镇就业人员的同工同酬；要加快推进农民工社会保障全覆盖，逐步实现与城镇职工平等享有相应待遇。

总之，党的十八大以来，以习近平同志为核心的党中央在新的历史起点上对"三农"问题进行了新的部署，并体现出如下重要特点：其一，将深化农村改革作为全面深化改革的重要内容；其二，将城乡一体化作为统筹城镇化发展与新农村建设的重要抓手；其三，将农村发展与美丽乡村建设目标纳入中国梦的范畴。习近平总书记的有关重要论述对在新的历史起点上促进社会主义新农村建设具有重要的战略指导意义。

无论是新农村建设、脱贫攻坚还是乡村振兴战略，均是源于对城乡关系的思考和调适，战略目标和实践逻辑上保持着高度一致性。农村发展的各项理论围绕农业、农村、农民如何改造和发展作出了系统的回答，任何单一的理论视角均无法实现对我国农村发展实践的完整解读。因此，对有效衔接的测度评价设计也应该兼顾政策重点、工作重心和理论意义等多个方面的内容。这些理论为理解不同区域农村所处发展阶段、发展模式，明确与乡村振兴衔接的具体路径提供了重要参考。

2.3 可持续生计理论

贫困是存在于各个国家的一种复杂的社会性问题，国外关于贫困成因方面的相关研究成果较为丰富，并形成了一套相对成熟的理论体系。随着人们对贫困本质问题的不断探讨，对贫困的内涵和成因也有了多个视角的解读。早在19 世纪中期，马克思就在其手稿中揭露了资本主义剥削和两极分化的本来面貌，最早从制度方面对资本主义社会中的贫困问题进行解答。纳尔逊（Nelson）于 1956 年从经济学视角提出了著名的"低水平陷阱"理论，认为贫困人口的大量增长抵消了社会财富增长带来的积极效应。以拜恩（Byrne，1999）等学者为代表的社会排斥贫困观认为，贫困产生的根源是部分特定人群被经济、政治或认同等排斥在外，因此在扶贫政策制定和扶贫项目选择过程中要尽可能保证公平并惠及每一个社会成员，增强贫困人口的参与感与能动性（万国威，2016）。

可持续生计基本概念的提出来自对贫困内涵理解的不断加深，阿马蒂亚·森（Amartya Sen）并不赞同通过收入或消费情况来反应具体的福利水平，因此提出了著名的可行能力贫困理论，把贫困的关注点转移到以"人"为中心的可行能力上来，强调应当在保障最低生活水平的情况下，着力激发人的内在动力，从而培养"脱贫致富"的能力（胡道玖，2014）。20 世纪 70 年代，舒尔茨（Schultz）指出，要想实现农业的持续增长，就需要对农民加强知识、技能等方面的投资。诺曼·厄普霍夫（Norman Uphoff）同样发现农民可行能力的提升对农村发展有着不可替代的作用，并建议政府在制定政策时应更多考虑如何调动农村贫困人口的潜在能力。世界银行、联合国开发计划署等国际组织广泛吸收经济学、社会学、人类学等方面相关理论，对贫困概念进一步拓展和丰富。2010 年，在《人类发展报告》中，除收入维度外，营养与健康、教育与技能、居住条件、社会参与等多个维度形成了多维贫困的基本概念，为客观全面认识贫困问题提供了一个系统性研究框架。

2.3.1 可持续生计分析框架

英国国际发展署于 1997 年率先创造性提出可持续生计分析框架，在此基础上这一理论在全球范围内广泛传播，也是现代可持续生计问题研究的重要理论基础。该框架对应的研究内容主要集中在脆弱性背景、生计资本、结构和过往的转变、生计策略、生计结果等不同角度。

第一，脆弱性背景。家庭的整个生命周期必然存在不确定性因素，我们通常将这种不确定性称为风险环境，其可以对可持续生计的外部环境带来直接影响。相应地，外界环境影响因素主要涉及政治、经济等不同方面。外界风险环境的变化均会不同程度对可持续生计产生影响，主要体现在农户的生计资本方面，间接对其生计策略选择造成影响，从而改变生计结果。从可持续生计框架发展来看，脆弱性环境作为难以把控的变量受到了学者们的重视。在脆弱性背景下，人们也可以借助政策，其中涉及制度改革等，提高风险抵御水平，促进生计持续发展。

第二，生计资本。英国国际发展署表示，生计资本中的资本涉及自然、金融、物质、人力以及社会等内容。生计资本包括自然资本、金融资本、物质资本、人力资本、社会资本，它们相互联系、相互作用。在脆弱性背景下，该五种资本作为整体框架的关键内容，向我们直观展示了生计资本的状况与类型，也为研究多种生计资本间的关系提供了依据。总体而言，我们可将生计资本视为可持续生计分析框架的核心组分。在脆弱性背景下，人们难以依靠单一的生计资本获得多样化生计结果，因此实际上，人们需要通过多种生计资本，采取生计资本优化调整的方式，以实现多样化生计结果。

第三，结构和过程的转变。英国国际发展署表示，诸如政治、经济、社会等一系列外部因素可以在较大程度上对组织及个人的可持续生计带来影响。因此，在分析框架中，我们需要重点针对相关问题进行探讨，要有效发挥政治、经济、社会等因素的积极作用。

第四，生计策略。约翰等（John et al.，2000）提出，生计策略可以视为资本的组合与应用，是为达到持续生计而采取的多种行动与方法。在某种层面上，生计策略表现为个体及家庭在对生计资本现状有充分认知的前提下而开展的生计活动，即在创造生产生活物料的同时，维系生计。在可持续生计分析框架中，人们为获得相应的生计成果，一般是在综合分析自身生计资本状况的基础上，优化生计资产，采取恰当的生计策略，以实现生计的可持续发展。

第五，生计结果。生计结果，即人们对福利、收入等不同生产目的进行追求的过程，但并不是均具有可持续性的，甚至也会出现不可持续的情况。穆罕默德等（Muhammad et al.，2015）对生计结果的基本内容进行了说明，如提升收入、增加福祉等。综合而言，在可持续生计模式中，人们在自我生计资本进行考虑的前提下，制定更为科学的生计策略，旨在获得良好的生计结果，比如表现为优化生计风险环境、优化资源利用等。

2.3.2 可持续生计理论的应用研究

可持续生计分析框架一经问世，便很快得到了人们的关注和认可。从国外学者的分析来看，针对可持续生计框架应用的相关分析主要从以下三个层面展开：

2.3.2.1 对贫困区域农户可持续生计的相关分析

克朗茨（Krantz, 2001）主要分析了拉美地区贫困民众生活情况，借助可持续生计分析框架，对综合性发展状况进行了系统全面的阐述，指出建立在可持续生计前提下的发展对策具有很强的可行性。哈恩等（Haan et al., 2005）在研究中选取第三世界国家民众作为分析对象，重点阐述分析了居民可持续生计以及全球化、本土化间的联系。可持续生计可以看成在不同因素共同影响下而形成的一种动态变化过程。在此基础上，人们在衡量居民生计可持续发展问题时，可以结合个人兴趣与生计水平的协同度情况来分析。当两者之间具有协调关系时，居民生计便具有持续性的特点。相应地，为了促进民众生计持续发展水平提升，人们还需要做好全球化管理。

2.3.2.2 从可持续生计分析框架入手，分析农户生计与自然因素间的关系，促进可持续框架应用范围的扩展

奥斯曼等（Osman et al., 2005）应用可持续生计方式，专门对苏丹区域气候变化影响问题进行评估分析。他们根据分析指出，苏丹社会经济发展在很大程度上与气候变化因素密切相关。在此前提下，他们指出，为了促进经济社会向前发展，可以加强对气候变化工作的预防分析。亚历山大等（Alexander et al., 2006）着重分析了印尼海啸灾难情况。他们专门构建了可持续生计分析架构，对当地自然灾害预警机制有效性进行了专门考察分析，在此基础上指出该国需要全面推进风险管理机制建设，从而能够合理控制居民生计可持续脆弱性水平。

2.3.2.3 借助可持续生计分析框架来分析农户生计与其他经济活动间的关系

有研究者（Tao & Wall, 2008）在分析中，应用农户可持续生计分析框架来分析旅游业发展情况，分析农户生计与旅游业发展之间的关联。其分析认为，旅游业能够结合其存在着的溢出效应来提升农户生计可持续性水平。

与理论分析相比，我国学者在借助可持续生计分析框架来对农户生计情况进行研究期间，大多是借助实证分析方式来进行阐述的。研究内容涉及下列几点：

（1）针对区域贫困相关情况分析。第一，学者们借助实证方式分析生计策略与可持续生计之间的关系。阎建忠（2006）以生活在大渡河上游地区的农牧民为例，阐述了生计策略与可持续生计之间的关系。李琳一等（2007）重点分析了兼业型以及农业型生计策略分别怎样影响生计结果。第二，学者们分析了农户生计资本怎样影响到生计策略。苏芳（2009）选取张掖市甘州区农户为分析对象，借助实证分析方式，指出农户生计资本怎样影响生计策略问题。井月等（2011）选取黑龙江国有林区山上、山下农户为分析对象，分别从生计资本、生计策略两个角度阐述了不同分析对象的差异。此类研究说明增加资本有助于促进生计策略多元化发展，并且各种生计资本增值在影响生计策略上存在较大的差异。第三，学者们分析居民可持续生计单一方面的因素。梁义成（2011）阐述了农户之所以选择农业生计策略、非农业生计策略的影响因素。翟彬等（2015）在对甘肃天水地区农户进行调研分析的基础上，介绍了影响农户非农生计策略的各种因素，同时参照生计水平来对比农户扶贫需求情况。第四，参照可持续生计分析框架，详细分析特定区域内民众生计现状。刘婧等（2012）以实证分析的方式，阐述了不同生计资本给农户可持续收入产生的不同影响。何仁伟（2013）以南京失地农民为例，对其生计资本、生计策略选择等不同层面进行了详细分析。黄启学等（2015）在调研滇桂黔石漠化片区贫困农户的基础上，指出需要参照可持续生计思想，创新优化可持续生计发展新模式。

（2）对失地农户可持续生计进行分析。周易等（2012）以陕西杨凌失地农民为分析对象，应用实证分析方式，借助二项 Logistic 回归模型，着重分析了生计策略与生计资本之间的联系。黄河（2005）在分析中指出，优化征地补偿体系，着力发展生产性就业，优化社会保障体系，能够更好地为失地农户生计持续发展提供充足的保障。中国社科院社会政策研究中心（2005）强调，为了提升农民可持续生计水平，可以分别从做好就业培训、健全社会保障制度、加强资产建设等不同层面入手。这些措施也与政府宏观调控目标相符。刘家强等（2007）分析了失地农户生计与社会保障制度之间的关系，指出为了促进失地农户生计持续性发展，需要优化社会保障制度体系。

2.3.3 可持续生计理论的借鉴作用

2.3.3.1 可持续生计理论非常关注生计资本的影响力

可持续生计理论关注的是生计资本对可持续生计产生的影响。其主要表现为以下两点：第一，关注多元化生计资本。生计资本具体涉及人力、金融、物质、社会、自然资本五个不同的层面，并且各个层面是彼此制约和影响的，如果仅仅凭借某一生计资本发挥作用，那么生计可持续性发展也就很难实现。因此，我们应该对生计资本多样化加强关注。第二，生计资本将对选择生计策略产生影响。农村地区风险环境相对脆弱，为了能够实现生计可持续性发展，我们应该结合生计资本实际，关注不同生计资本各自的优势和不足，重新整合生计资本，结合实际制定最佳的生计策略，从而将各种风险控制到合理水平，实现生计可持续性发展。

2.3.3.2 可持续生计理论更多关注制度效果

可持续生计理论更多关注可持续生计、组织结构以及制度因素三个层面的效果。首先，英国国际发展署（DFID，2000）指出，转变并调整生计结构及生计过程有助于更好地推进可持续生计发展，人们得到生计资本的机会受到国家政策、文化、法律法规等不同方面的决定性影响，并且对社会关系也能够产生间接性影响。因此，政府需要出台有关政策措施，健全管理体系，最大限度地保障民众生计资本相关合法权益。其次，在可持续生计分析框架指导下，政府应该将政策法规的积极作用考虑其中，并且还应该借助不同政策因素，科学处理生计发展存在各种问题，以此来提升可持续生计发展水平。最后，在可持续生计分析架构中，政府还应该关注在农户生计可持续性发展中，地方组织在其中起到的作用以及职责履行等内容。

2.3.3.3 可持续生计理论关注生计风险的后果

可持续生计理论以其分析框架分析生计风险与可持续生计两者之间的关系。第一，生计风险损失需控制到合理水平，推进可持续生计建设。在日常生产生活中，人们将面临很多各种各样的生计风险，这些风险会导致损失增加。政府应该关注生计风险的后果，只有这样方能提升生计风险治理水平，将相关成本支出控制到最低，以此来推进可持续生计建设。第二，控制贫困，增加福利，推进可持续生计建设。政府应该关注生计风险的后果，科学评价、衡量对生计产生影响的不同因素，做好风险控制工作，这样方能减少贫困，提升社会福利水平，加强可持续生计建设。

20 世纪末，可持续生计理论广泛应用于农村贫困现象及应对方案等问题的理论研究及实践中，为多个政府组织和非政府组织提供了解决贫困问题的方案，国内外研究机构和学者对可持续生计理论的内容进行了拓展，发展和完善了多种分析框架，比较有代表性和影响力的研究框架主要有英国国际发展署的可持续生计分析框架、联合国开发计划署（UNDP）主导建立的可持续生计途径分析框架以及美国援外合作组织（CARE）提出的农户生计安全分析框架。其中，英国国际发展署的可持续生计分析框架在我国农村经济社会发展的相关研究中应用最广。我国有针对性地增加贫困人口的劳动技能和受教育机会，促进贫困人口享受更优质的社会保障，营造出有利于贫困人口脱贫的社会环境，同时积极引导贫困人口更合理地运用手里的生计资本创造更多的价值，最终实现生计成果的可持续。

"农户稳定脱贫"是实现有效衔接的基本要求，决定了脱贫农户进一步参与到乡村振兴中来。稳定脱贫既包含了在政府视角的低收入人口动态监测、乡村产业发展与创新利益联结机制、完善社会保障体系等方面构建长效稳定脱贫机制，又包含了农户自身的可持续生计能力和脱贫致富的内生动力方面的内容，是有效衔接测度评价中需要关注和考虑的重要维度。可持续生计理论及相关分析框架为具体指标设计和选择提供了理论参考。

2.4 乡村转型发展理论

乡村转型是指在快速工业化和城镇化进程中，在城乡人口流动和经济社会发展要素重组、交互作用下，由于当地参与主体进行响应与调整，进而导致的乡村地区社会经济形态和地域空间格局的重构，并体现为城乡关系、乡村经济与土地经营方式、农民生活与消费水平等方面的转变。

乡村转型主要体现在乡村经济、社会转型以及由此引发的乡村空间转型。

一方面，乡村空间作为乡村开展社会经济活动的载体，表征了乡村转型部分特点，但不能全面反映乡村转型的整体特征。在土地利用未发生变化的条件下，其"功能"可能发生转变，这就意味着仅凭空间转型无法全面揭示乡村经济社会活动的全面转型。

另一方面，仅通过功能转型分析亦无法全面体现乡村转型的特征。第一，功能的概念相对抽象，内涵较为复杂，无法全面、准确界定；第二，在进行功能体系界定后，研究者需要选取指标开展系统分析，但选取的指标也无法全面表征所对应的功能的内涵。这就使仅凭借功能转型分析的结果无法把握乡村的整体转型特征。

乡村转型的本质是"人""产""地"之间的复合作用。"人"是乡村转型的行为群体，"产"是农民群体从事的生产活动，"地"是承载"人"和"产"，即农民群体生产、生活的空间。"人""产""地"作为乡村转型影响因素的作用对象，存在复合的作用关系。影响因素分别作用由于农户群体、乡村生产活动和乡村土地，产生乡村经济类型的变化、农户生产方式的分化和乡村空间的变化，进而引发农民群体生活方式的变化，最终导致乡村功能的改变。

在关于转型理论的相关研究中，我国学者研究最多的是社会转型、市场转型、文化转型、工业转型和乡村转型等，大多转型的概念均是源于最初对社会转型的探讨（郑杭生，2009），并将转型定义为向现代化发展转变的过程。这种定义相对较为广泛，对"改变""变迁""转型"之间缺乏明确的标准，且与社会现代化概念差别不大。从现阶段相关研究成果来看，既有从农村产业转型、村庄形态转型、乡村治理转型等方面的单维度阐述，也有基于生产、生活、生态功能转变和空间结构转变的定义。总体来看，对我国乡村转型研究影响较大和应用较广的主要有乡村重构理论和系统突变论。

2.4.1 乡村重构理论

20 世纪七八十年代，西方乡村处在工业化、城市化进程中，乡村形态、功能和发展要素等方面均发生了持续的重构（Howard，1986），并转型进入"乡村复兴"发展时期，由此产生了乡村重构理论（rural restructuring）。麦斯登（Marsden，1987）等学者提出了乡村重构理论，并将乡村重构视为乡村转型的必要中间过程。乡村重构理论的主要观点如下：乡村是由资源禀赋、区位交通、社会经济、文化传承等多个要素构成的开放系统，并通过与外源系统物质、元素的不断交换和优化配置，实现乡村在生产、生活、生态等方面功能的协调演化和重构（龙花楼，2018）。从西方乡村发展历程和经验来看，其一般会从最初的生产性乡村出发，经历消费性和多功能乡村的转变，最终转型为全球化乡村（胡书玲，2019）。乡村重构理论强调资本积累下的地理学变迁和对全球化生产分工的调整。中国现阶段谈乡村转型发展则处于不同的研究起点和目标定位，乡村所处发展阶段的不同也决定了乡村重构理论应用的局限性。

2.4.2 系统突变论

系统突变论一般认为是在 20 世纪 60 年代末由勒内·托姆提出的。该理论揭示了系统自组织演化的途径具有多样性，用于发现事物从原点跃迁到另一种状态的"突变"。系统突变论认为，转型应该是乡村各维度的根本性调整，具有非线性特征，其中演进或变迁的过程只是转型的必要条件，是由量变到质变的过程。乡村变迁过程主要表现为乡村系统对外部环境冲击的适应和调整，当内部系统和外部环境通过交互协同并到达临界值时即会引发乡村的跃迁式发展和转型。李婷婷、龙花楼（2014）运用小波分析的方法来检测乡村转型发展的突变点，实证分析得出在突变点处乡村转型度骤然增加，而在突变点左右乡村转型度与协调度呈负相关的结论。他们认为，乡村要实现跨越式发展，需要集中力量推进具有先发优势的要素率先完成转型，进而带动其他要素完成转型。

从调研情况来看，政府和学界惯用的乡村转型含义包含了上述两种理论阐释中的概念，强调对乡村发展过程和现状的描述，同时更多时候是将乡村转型视为一个主动求变和创新的过程，既包含了对特色产业和重大项目的引进与打造、对乡村形态和布局的新规划，又包含了对区域发展文化、形象、经济等各个方面整体的统筹定位，表现出明确的目标导向。因此，从这个方面来讲，要阐释乡村转型发展和推进有效衔接的内在机理，既需要对其演进的时序特征进行描述，又需要考虑地方政府在其过程中的主观能动性，并从乡村转型的禀赋原点、所处阶段、可能方向进行系统思考。

2.4.3 乡村转型发展分异特征

乡村转型发展表现是指乡村转型发展导致乡村某些方面会产生一些变化，比如人口结构、土地结构等产生变化。简言之，乡村转型发展表现就是乡村转型发展分异特征。我们依据这些乡村转型发展分异特征可以对乡村转型发展现状进行分类与评价。分异特征可从人口结构、产业结构、土地利用结构和公共产品结构四个方面来说明。

2.4.3.1 人口结构

人口结构存在某些客观属性，我们依据这些客观属性可以从多种角度表达人口结构的变化：一是人口地域结构，即某特定区域范围内不同地理位置的人口数量之比；二是人口自然结构，即人口本身具有的特征所表现出的人口结构，如人口年龄结构、性别结构、家庭结构等；三是人口社会经济结构，即依据特定的社会标识与经济指标，划分人口产业结构、人口教育文化结构等，其中人口产业结构是制约乡村经济发展的主要因素，人口教育文化结构是乡村经济发展的核心。

乡村人口结构是动态变化的，受到多重因素的影响，主要有经济因素、社会因素和自然因素。其中，经济因素是制约乡村人口结构变动的决定性因素。

但需指出的是，经济因素对乡村人口发展的影响并不都是直接的，往往是通过中介因素，如生育观念、生育行为等因素对乡村人口结构变动过程施加影响。对乡村人口结构影响较为明显的社会因素有生育政策、户籍制度、教育制度、社会保障制度等。乡村人口结构除了受到经济因素和社会因素的影响外，还在一定程度上受到自然因素（包括资源和环境等因素）的影响。

（1）人口地域结构变化。影响乡村人口地域结构变化的主要原因是乡村人口转移。这种现象在我国乡村区域屡见不鲜，指的是青壮年劳动力人口由乡村转移到城市，导致乡村劳动力人口减少。据统计，2018年，49.48%的乡村人口选择外出；2019年，49.63%的乡村人口选择外出；2020—2022年，受新冠病毒感染疫情的影响，乡村人口选择外出的比例有所下降，但也还是高于40%。乡村人口转移的影响有好有坏。从好的方面来看，乡村人口转移使得区域劳动力资源得到合理配置，解决了乡村剩余劳动力问题；从坏的方面来看，乡村人口转移使得乡村劳动力受教育水平下降。

（2）人口自然结构变化。人口年龄结构、性别结构和家庭结构是人口自然结构的重要代表。人口年龄结构是指乡村区域不同年龄段人口数量之比。通用的年龄段划分标准如下：学龄前为7岁以下，青少年为8~18岁，青年为19~30岁，中青年为31~45岁，中年为46~60岁，老年为60岁以上。如果某乡村处在青年、中青年、中年三个年龄段的人口数量占比高，那么此乡村适龄劳动力比例高。人口性别结构是指男女比例情况。据调查，中国乡村人口存在"老龄化""空心化"现象，农业生产呈现"老年化""女性化"现象。

人口自然结构变化对乡村经济发展的影响主要表现在人口家庭结构变化。如今，一代户越来越多，二代户越来越少。乡村家庭规模的缩小和核心家庭的增加会产生如下影响：一是乡村区域建筑业兴起，因为农村人口对住宅有种天然的渴望。二是乡村人口城镇化。乡村人口城镇化分为两种情况：一种情况是乡村人口在城镇过上城镇化生活，即在城镇获得工资收入、拥有住所、具有便捷的交通条件以及医疗卫生条件完备；另一种情况是乡村人口在村庄过上城镇化生活。乡村人口在城镇完成人口城镇化的成本高于乡村人口在乡村区域完成城镇化，多数乡村人口在情感上倾向于回到乡村。三是核心家庭其实也是一种小的生产单位，在农业生产上会追求协作，而不是像大家族追求分散经营，因此更有利于农业规模化生产。

（3）人口社会经济结构变化。人口社会经济结构可以分为人口产业结构和人口教育文化结构。

①人口产业结构变化。乡村人口产业结构是指乡村就业人口的产业分布状

况，又称乡村劳动力就业结构。自古以来，乡村就是以农业（第一产业）为主导产业的区域，第二产业和第三产业在乡村区域并不发达甚至是缺乏。因此，在我国进行产业结构优化升级和社会不断发展的过程中，大量乡村劳动力脱离土地，从乡村第一产业流向城市第二产业和第三产业，形成了劳动力的流出。但是，城市第二产业并没有合理吸收大量从别的产业流出的、正在转移着的劳动力，就业人数的比重虽然有所提高，但与产值比重的增加幅度极不相称。乡村剩余劳动力大量流入城市第三产业，城市第三产业已成为吸收劳动力最主要的部门。

②人口教育文化结构变化。乡村人口教育文化结构是指各种不同文化程度（文盲、小学、初中、高中、大专/大学、大学以上等）的乡村人口在乡村总人口中所占比重。我国现有的乡村人口教育结构是不合理的，15个省（直辖市）100多个乡的新型职业农民技术培训调查结果显示，在受调查的农民中，80%的农民年龄在30岁以上，其中有58%的农民年龄超过40岁。36%的农民的学历为初中，22%的农民的学历为小学，两者总共占比约为60%。在参加教育培训的农民中，只有64%的农民能听懂培训内容，还有将近40%的受训农民不太能听懂培训内容。这在一定意义上源于我国乡村教育制度的不健全。增加乡村教育投入、公平配置城乡教育资源、完善乡村成人教育与职业教育培训体系等都直接影响到乡村人口的素质和技能。

除上述因素外，对乡村人口的教育文化结构影响最大的是我国现有的产业结构。在农业社会，劳动力没有也不需要很高的技术水准，只有少数劳动力有较高的技术水平。进入工业社会，随着产业结构的调整，进入第二产业的农村劳动力必须具备一定的技能，很多劳动力接受技能培训，使得有高技术水准的劳动力增加。近年来，受过高等教育和有高技术水准的劳动力所占比例迅速上升。在现代社会，第三产业越发达，吸纳的乡村劳动力越多，随之而来的是对劳动力素质的要求越高。

2.4.3.2　产业结构

根据产业结构演化理论，我国把全部经济活动划分为三次产业：第一产业是指农、林、牧、渔业；第二产业是指采矿、电力、燃气及水的生产和供应、制造业、建筑业；第三产业是指除第一产业和第二产业以外的包括交通运输、批发零售、金融、房地产、教育、文化、居民服务和其他服务业等。

乡村产业结构是在乡村这个地域内产业之间、产业内部各层次之间的相互关系，主要表现为数量结构、质量结构、空间结构、资源结构。从数量结构上看，乡村产业结构是指各产业之间及内部数量的比例关系，包括乡村第一产业、第二产业和第三产业的数量和质量构成比例。第一产业构成比例主要包括种植业、林业、牧业、渔业构成比例。第二产业构成比例主要是基础工业和加工工业的构成比例。第三产业构成比例主要是生产性服务部门和非生产性服务部门的构成比例。从质量结构上看，乡村产业结构是指乡村各产业和产业内部的技术装备程度和组织构成状况，主要包括要素密集程度、劳动密集程度、资本密集程度、技术密集程度以及产业组织规模等。从空间结构上看，乡村产业结构是指乡村各产业和各产业部门在特定区域的分布状态。从资源结构上看，乡村产业结构包括劳动力结构、资金投入结构、科技结构、耕地资源结构、区域农业结构等。

2.4.3.3 土地利用结构

土地利用结构是指国民经济社会各部门土地利用的比重和相互关系，具体体现为区域内各土地利用类型数量和质量的比例及空间分布。因为乡村土地利用质量相关数据较少且难以获得，所以本书土地利用结构变化主要是各土地利用类型数量、比例以及空间分布特征，即土地利用一、二级分类面积与所占比例。例如，一级分类中的农业用地、未利用地（自然保留地）、农村建设用地面积和空间分布特征，二级分类中的耕地、林地、牧地、园地面积和空间分布特征。

由于乡村转型发展类型不同、转型目标各异，其土地利用结构存在差异。例如，农业主导型乡村的土地利用结构类型主要为农业用地，且限制居民点用地的扩张；工业主导型乡村的土地利用结构类型一般主要为建设用地；旅游业主导型乡村的土地利用结构类型主要为生态用地、环境用地和基建用地；交通枢纽型村庄的土地利用结构类型主要为建设用地（交通用地）；城郊融合型村庄的土地利用结构类型大部分为建设用地，少部分为农业用地；拆迁归并型乡村的土地利用结构类型主要为复垦型农业用地，主张对建设用地挖潜。

2.4.3.4 公共产品结构

乡村公共产品是相对于乡村私人产品而言的，是指乡村地区农民生产生活共同所需的具有非排他性和非竞争性的公共产品。乡村公共产品涉及乡村公共设施、公共事业、公共福利和公共服务等各个领域，具体包括农田水利、道路交通、电力通信、土地改造、村庄整治、农产品市场等公共基础设施；义务教育、计划生育、社会治安、文化、卫生、体育等公共事业；优抚救济、社会保障、养老保险、扶贫开发等公共福利；农业科研、农业信息、农业技术推广、农业科技培训、病虫害防治、防灾减灾、基层行政、司法等公共服务，覆盖了乡村生活的各个方面。

乡村公共产品结构也可以从两个方面来看：一是数量，即乡村的公共产品供给的总量能否满足需求以及不同区域公共产品供给数量之比；二是质量，即所供给的乡村公共产品是否与城市标准相同。多年来，乡村公共产品存在区域结构失衡、供给质量与效能偏低的现象。某些地区农民急需的生产性、可持续发展性的水利和水电站、农田灌溉工程、邮政投递、农村义务教育、医疗等供给数量仍然不足，质量亦有待提高。个别地区农村"形象工程"等政绩型公共产品却供给相对过剩，偏离需求方向和轨道，难以产生最优的供给效能，在发展乡村生产和改善农民生活质量方面没有起到应有的作用。

2.4.4 乡村转型发展影响因素与驱动机制

乡村发展方式是指乡村转型驱动机制。不同的乡村驱动机制各异，但对驱动机制产生影响的因素大体类似。本书第 1 章在国内外研究综述部分，分类归纳了乡村转型发展影响因素，包括外源性影响因素和内源性影响因素。外源性影响因素是指一些能够对乡村转型发展产生影响的外部条件，如市场需求、政策环境（脱贫攻坚战略和乡村振兴战略等）、时代背景（信息技术）。内源性影响因素是指乡村本身或是内部要素对乡村转型发展过程产生影响的事物。例如，一是自然资源禀赋，包括矿产资源、区域位置、气候、地形地貌、森林和水域等；二是人文资源禀赋，包括区域所具有的历史与文化等与人的思想、观念以及活动的形成与演变相关的经济、社会优势；三是人力资源禀赋，包括人口的数量和质量。

不同乡村主体对应不同的外源性影响因素和内源性影响因素。两种因素存在共性影响因素及属于自身的个性影响因素。共性影响因素又可以分为主导共性影响因素和非主导共性影响因素。一般情况下，主导共性影响因素成为乡村转型发展驱动力的可能性大，再结合非主导共性影响因素、个性影响因素等共同形成乡村转型发展驱动机制。

乡村转型发展主导共性影响因素有劳动力资源禀赋（数量和质量）、人文资源禀赋、产业基础、区位、市场需求、政策环境、时代背景。这些驱动力有的是内生转型发展动力，有的是外生发展动力。

第一，劳动力资源禀赋（数量和质量）。当乡村区域劳动力数量减少、质量停滞不前甚至因为人口流失造成质量下降时，结果就是乡村区域缺乏内生转型发展动力，转型发展后继无力。近年来，许多乡村为吸引优质劳动力要素回流，出台一系列人才发展政策，如为回村创业大学生提供创业基金和补贴等。第二，人文资源禀赋。此项因素与市场需求因素相结合，产生的显著影响乡村转型发展的例子是休闲旅游和文创产业，休闲旅游是乡村内生转型发展动力的一种，文创产业是乡村外生转型发展动力。第三，产业基础。产业基础是一种乡村内生转型发展动力。乡村产业基础差异往往会在较大程度上影响乡村未来主导产业的选择和乡村产业结构转换。乡村产业结构转换产生的乡村转型动力有农业劳动生产率提高形成的初始动力、乡村工业化发展形成的根本动力、第三产业发展形成的后续动力。第四，时代背景。21世纪是信息技术飞速发展的时代，淘宝等电商的兴起造就了"淘宝村"的出现。"淘宝村"是第二产业和第三产业融合的典型体现，为乡村提供了外生转型发展动力。第五，政策环境与区位。政策环境是乡村外生转型发展动力，同时也是乡村转型发展驱动机制的基础驱动力。区位同样如此，既是乡村内生转型发展动力，又是基础驱动力。

2.5 耦合协同理论

耦合理论最早源于物理学的系统耦合度，是指两个及以上的系统、要素之间相互依赖和相互作用的程度。良性耦合主要表现为子系统之间运作有序并关系紧密，反之则为恶性耦合（祝影，2016）。协同概念的引入确保了系统由无序走向有序和良性互动关系（武玉英，2017）。耦合协同理论因开放性、普适性的特质，得到了越来越多的学者的关注与研究，范围从物理、电力、地质学等自然学科，到应用于复杂、分散、非线性系统等内部要素关系或者对系统整体状态进行分析和评价，并逐步引入城市发展、生态环境、区域资源配置、产业集群、经济管理的研究之中，取得一系列研究成果。例如，对城镇化与生态环境的互馈关系的测度（黄金川，2003）、对新兴产业与传统产业耦合发展机制的探讨（熊勇清，2010）、对新型城镇化与乡村振兴的协同发展的研究（俞云峰，2020）等。

2.5.1 中国古代的耦合思想

自然界中的耦合现象普遍存在，表现出复杂多样的关联性。层次与程度上的区别是耦合的一个描述性概念，广义的、层次较低的是普通耦合，它经过积累的量变、特殊的质变最终实现更高层次的耦合，命名为超耦合。然而，谈到耦合的概念，其思想的产生和发展过程反映了人们对事物的认知过程。宋代王安石在《洪范传》中讲到"耦中有耦"的哲学命题，这是耦合思想的体现。

"耦"即"对"，用以表述对立的概念。对立面中有对立面，宇宙万物由水、火、木、金、土基本物质元素构成，同一属性的不同元素是相对的，"五行之为物，皆各有耦"而"万物之变遂至于无穷"。

2.5.2 耦合与系统耦合

从表面意思来看，"二人并耕"即为"耦"。耦合原本是物理学名词，是指两个或两个以上的运动或体系之间通过各式各样的相互作用而彼此影响的现象。这种相互作用可以是正向促进作用，当然也可以是反向破坏作用，但是出于现实的需要，研究通常都是针对正向耦合展开。例如，两个单摆之间连上弹簧或一根线，就会出现此起彼伏、互相影响的振动现象，物理学中称之为单摆的耦合。又如，当某一电路网络是由两个或两个以上的电路组成时，其中某一个电路中组件的变化或电压、电流的变化，会使得其他电路也随之发生相应变化的现象称为电路的耦合。同时，耦合的概念也应用在化学中，《辞海》(1999) 中是这样解释"耦合反应"的："两个化学反应联合后，其中亲和势小于零的反应可以被亲和势大于零的反应带动而进行反应。在该反应中，当某一反应的一个产物参与到另一反应时，就可以改变这一反应的平衡位置，甚至使原本不能进行的反应得以通过新的途径来进行。在生物系统中，也有许多的反应是靠这种反应才进行的。"近年来，耦合的概念已被广泛应用于自然和社会经济领域，具体刻画具有某种因果关系的两个或两个以上的系统，即通过原系统间的相互作用来形成一个新的整体系统，"系统耦合"的概念由此产生。复杂的变化蕴藏于这一系统耦合过程中，包含着众多错综复杂的因子，伴随着能量、信息、物质等流动与循环。系统耦合通常会产生两种效果：一是打破原有子系统相互之间条块分割的局面，改变原系统各主体之间彼此割裂、独立运作的模式，通过各功能团的有效耦合来形成新的有机整体。二是通过功能结构与运行机制的耦合生成新的结构与功能，产生"1+1>2"的效果。耦合形成的新的有机整体能够弥补原系统自身运行的不足，并可以有效协调和缓解彼此之间的矛盾，构建一种和谐状态，实现彼此之间协同发展的目标。

非直接耦合、数据耦合、标记耦合、控制耦合、公共耦合、内容耦合等这些类型是按耦合程度从弱到强排列的。非直接耦合没有信息传递在模块之间。数据耦合由于参数的变化，模块间可以实现基本数据的传送。通过参数在模块间实现内部数据的复杂传递结构被称标记耦合，并且相关模块的变化是通过数据结构的变化引起的。模块传达的标志量、开关值等信号能够对其他模块进行控制，并且接收模块的信号变化是信号值调整所直接引起的，这被称为控制耦合。公共耦合由两个以上的模块共同起作用完成一个全局数据项。当模块直接转入其他模块或通过直接操作修改其他模块数据被称为内容耦合。

2.5.3　系统相悖

系统相悖、系统耦合一般常用来反应两个或两个以上要素或者子系统间的配套效应，并且通过正反两面反映出来。两个或两个以上要素通过系统相悖构成要素组合时，运行状态可能存在的系统不协调一般是系统结构不完善导致的。系统相悖通过系统要素间干扰、相互破坏，导致整个系统的负向演化，最终可能导致生产与生态功能的低下。系统耦合的对立面和障碍构成系统相悖，妥善规避与系统相悖是耦合正向释放的关键环节。

这里还有一点需要说明，耦合与复合是有区别的。耦合系统中各子系统一定有着十分密切的关系，这种关系通常是在耦合系统形成过程中产生的，而复合仅仅是指混合、合成。也就是说，在复合系统的形成过程中，各子系统之间不一定存在着密切的功能或结构关系。

生态、环境、经济和社会四个子系统是相互影响、相互关联的，由四个子系统构成的系统就是耦合系统。耦合系统是通过各要素、功能、结构相互作用的，这种耦合关系是非线性关系的总和。高水平耦合状态是指生态、环境、经济和社会四个子系统形成良性共振与新的有序结构，达到改善系统整体运行的效果，该状态通常是耦合最理想的发展阶段。

2.5.4　协同

协同的概念源远流长，且涉及范围十分广泛。从古老的东西方哲学到现代的自然、社会科学系统，对人、自然、整个宇宙协调发展关系的探索都从未停止过，这也正是"协同"概念的基本反映。"协同"一词的英文是"synergism"，"syn"是指共同、一起的意思，"ergism"是指工作的意思。合在一起，"synergism"表面的意思是指共同工作、一起工作的意思，也就是常说的协同。本书的研究涉及的"协同"是指系统中各子系统之间、子系统各要素及组成部分之间协调一致、共同影响而形成新的结构、衍生新的功能。

2.5.5　耦合形成的交叉学科理论

耦合、系统耦合作为一种独特的分析方法，以其独到的普适性、开放性的思想特点，在各主流学科及交叉、边缘性学科的研究中被广泛运用，对生态经济系统、环境经济系统、可持续发展系统的理论研究与实践运用具有重要的指导意义。

2.5.5.1 环境-经济系统理论

环境经济学相关理论的研究结论表明，经济系统与环境系统通过物质、能量、信息、价值的循环、流动、传递与交换、相互依赖与交织，形成了具有比较新的功能与结构的复合巨系统——环境经济系统。该系统拥有双重属性——自然属性与社会属性，受自然规律与经济规律双重规律的支配和制约。

（1）环境-经济系统的组成要素。环境-经济系统的基本组成要素主要有四个——人口、资源、资本、技术。人口既是消费者又是生产者。也就是说，人口既是构成生产力的主要因素也是生产关系的主体。作为环境-经济的系统的主要参与对象，人会对系统产生正向与负向的双重作用。人既是调节环境子系统与经济子系统之间关系协调发展的助推剂，也是导致两者关系失衡的主要参与者。人类作为生产者，在开发与利用环境资源的同时，直接决定着资源开发与利用的深度和广度以及环境子系统的演化方向与内部平衡。资源是指狭义的资源，即满足人类生活与生产所必需的自然资源。资源是环境-经济系统中不可缺少的物质基础要素。资源与各种要素的不同组合方式会形成不同的系统结构，实现对系统的运行和发展的约束与制约。经济与环境系统要保证协调发展，那么合理利用与开发资源是必由之路。资本根据其表现形态，可以分为物化资本和货币资本。其中，物化资本的来源是人类附加劳动的自然资源的转化，而后又变为原始生产资料被人类所利用。在这一过程中，物化资本的一部分被还原为自然物质，以污染物或废弃物等形式继续存在。物化资本是环境-经济系统形成和发展的基础，也是人类生产、再生产以及生活的必要条件。货币资本能够在环境-经济系统的循环运动中发挥诸如价值尺度、支付手段和流通手段的功能。在社会经济领域，货币资本可以发挥调节配置数量、配置比例关系的作用，决定着环境-经济系统的运行轨迹与方向。技术是人类开发、利用和改造自然的手段的反映。技术的不断推广、改进、运用是环境子系统与经济子系统耦合过程的载体。技术的使用既可以促进环境子系统与经济子系统的协调发展，也会导致系统整体发展的失衡。因此，技术就像一把双刃剑，需要人类尽量将其向好的方向发展，而不是让技术成为人类的后患。

（2）环境-经济系统的结构。环境-经济系统，根据现有基本组成要素，在结构上可以分为人口子系统、技术子系统、经济子系统、环境子系统。人口子系统和技术子系统是环境-经济系统的催化剂，能够促进系统之间的相互作用、相互耦合。经济子系统是环境-经济系统的主体，通过产出资源满足人类的生产需要。环境子系统是环境-经济系统运转的基础，是人类生存、生产的载体。人类生活所需要的能源、空间都要来自环境子系统的循环。

（3）环境-经济系统的功能。环境-经济系统最基本的作用是完成能量流动、物质循环、信息传递、价值增值。能量流动具有单向性和递减性两个典型特点。单向性就是不可逆转，即非循环性。递减性是指随着物质循环的进程，能量的传递是不断递减的。在这个转化过程中，被损耗或被遗弃的能量进入环境之中，产生了诸如环境污染等问题。能量循环由两个层次展开，即经济能流和自然能流。自然能流是整个能量循环与流动的基础，可以转化为经济能流。物质循环主要由两个层次展开，这两个层次之间相互作用与转换，并有机结合，技术手段可以促进两个层次的转化与结合。第一，通过"生产→分配→交换→消费"这一经济子系统的过程在经济社会各个部门中进行物质循环；第二，通过"生产者→消费者→分解者→环境→生产者……"这一环境子系统的过程在自然环境中进行物质循环。物质循环的良性运行是经济与环境协调发展的关键所在。信息传递充当着环境-经济系统的管理者。信息就像系统的中枢神经一样，其出现问题就会使系统出现失控的局面，最终环境与经济的发展会出现失衡与混乱。信息传递以上述两种循环为母体，在两个循环流动过程中实现"接受→存储→转化→再传递"的过程。在过去，经济高速发展，人类轻视环境信息，只顾着经济信息，环境资源被没有节制地开发利用，环境问题凸显得比较严重。因此，全面检测并获取分析环境数据是实现系统控制的必要条件。价值增值主要体现在人类劳动的作用上，主要是在将自然物或自然能流转变为经济物或经济能流这一过程中实现。

2.5.5.2 生态-经济系统理论

生态-经济系统是由两个系统——生态系统与经济系统组成的，人类劳动和技术中介是系统形成机构统一的整体的助推剂。生态-经济系统承载着能量转化、物质循环、信息传递和价值增值等作用。生态-经济系统是所有经济活动的载体，任何经济活动都与其有关，除了规模、内容与空间尺度稍有不同外。环境-经济系统与生态-经济系统在概念和内容上具有许多相似之处。

（1）生态-经济系统的结构与功能。生态系统与经济系统耦合形成生态-经济系统，因此生态-经济系统是生态系统和经济系统的耦合统一体。其中，生态系统是生产、生活的物质基础，满足人们对相关服务和生态的需求，自然资源最为狭义的资源构成生态系统的实体。生态-经济系统运行的目标主要是优化配置、合理利用各自然资源要素。其运行的过程就是人们有目的地利用和开发自然资源和生态系统的过程。生态-经济系统和环境-经济系统有些类似，人类在劳动的同时对技术的掌握是生态-经济系统耦合的必要过程，价值的增值也是在劳动过程中各种技术的注入下才能实现的。同样，生态-经济系统在物质、价值、能量、信息的输入和输出关系上体现了它的具体功能，四种要素彼此相互作用与协调，形成了投入产出的有机体。实践和理论研究体系中关于生态系统与经济系统等范畴的存在和广泛应用，对人类财富积累、经济与社会进步产生了重要影响。

（2）生态-经济系统的基本矛盾。在生态领域，有一种负反馈顶级稳定机制，正如在经济学中我们所涉及的，越接近顶点，越趋于一种稳态，几乎不受其他因素的影响。生态系统中的物质交换与能量传递在能量积累到一定阶段的时候，其积累率就会保持在一定水平，不会有所变化。相反，经济系统有着不同于其他系统的反馈机制，即在经济和人口不断变化的情况下，其稳态不会迅速产生，也不会像其他生态系统的一样达到一种稳定状态。经济增长存在一种膨胀趋势，而生态系统却有着一定的限制，这就是今后经济发展过程中需要注意的问题。随着经济的快速发展，人类对自然资源的需求越来越多，索取也变得更加无止境，生态脆弱及生态破坏问题变得越来越显著，越来越多的研究开始转向生态文明领域。在生态系统还能自我修复的时候，我们需要及时进行调整，转变经济发展模式，调整经济结构，以免生态系统的稳态被打破。生态系统的稳态被打破就会造成更大的问题，不只是环境污染与生态破坏的问题，而是整个人类生存都面临着极大的挑战。经济发展固然重要，但是生存环境才是我们更需要关注和保护的。

意识到生态-经济系统的问题与矛盾，我们应约束人类活动对生态环境的破坏，调节经济系统正反馈机制去适应生态系统负反馈机制。我们相信，随着经济发展速度的提升与经济规模的扩大，相应的生态维护与环境保护的力度也在加大，并且优化与调节控制的力度也在不断加大。

巩固脱贫攻坚成果与乡村振兴是耦合协同关系，特别是在乡村振兴中，我们要特别注意乡村环境保护。习近平总书记指出："绿水青山就是金山银山。"我们要把环境-经济和生态-经济的问题与矛盾处理好，促进乡村经济与生态环境融合发展，从而促进乡村振兴战略目标的实现。

3 巩固脱贫攻坚成果与乡村振兴有效衔接的理论探讨

第1章的国内外研究综述和第2章的理论基础为推进有效衔接的理论研究奠定了坚实的基础，但仍缺乏从我国脱贫攻坚和农业农村发展的长期视角对有效衔接的内在逻辑与基本概念进行讨论，且忽视了两大战略背后的理论内涵，遂导致大量研究仍停留在对现象层面的宏观讨论之中。本章在现有研究成果的基础上，进一步深化有效衔接的理论探讨。本章对有效衔接内在逻辑、内涵演变以及重点任务的梳理归纳，将作为后续测度评价中维度划分和指标选择的重要依据，而对有效衔接理论内核的探讨则有利于明晰其内在机理。

3.1 脱贫与振兴的逻辑关联

3.1.1 我国扶贫开发与农村改革发展历程

2020年年底，我国完成了全面解决农村绝对贫困问题的攻坚目标。回顾我国扶贫工作历程，多数学者认为我国正式的贫困治理始于1978年改革开放（汪三贵等，2018；贺雪峰，2018）。家庭联产承包责任制改革将土地经营权分包给农户自主经营、恢复成立民政部并首次划定农村贫困标准、《中共中央关于加快农业发展若干问题的决定》的出台是三项标志性事件。但也有学者认为，我国扶贫历程应该追溯到中华人民共和国成立之时，虽然此阶段我国尚未出台专门的扶贫政策，而且贫困人口基数大，呈全面贫困的特点，但通过1952年基本完成土地制度改革，确立了农民对土地的权利；1953年内务部增设救济司实施生活救济；1958年建立起"以队为基础"的人民公社制度，为农村贫困人口提供了基本保障，也为改革开放后我国农业农村快速发展和贫困治理体系的形成奠定了基础（唐超，2019；王曙光，2019）。

根据杨占国（2009）、张琦（2016）、许汉泽（2019）以及吕开宇（2020）等学者的研究成果，结合中央主要扶贫政策脉络，改革开放以来农村扶贫大致可以划分为四个时期，即制度变革时期（1978—1985年）、贫困治理体系建立时期（1986—2000年）、十年扶贫开发时期（2001—2010年）、精准扶贫时期（2011—2020年）。每个阶段的转变从表面上看是农村扶贫方式的改变，但实际上是农村发展过程中的一次次重大制度创新。具体来看，在制度变革时期，从1978年我国农村扶贫标准来看，当时有2.5亿农村人口没有解决基本温饱问题，贫困人口比例占到全国人口三成以上。在此阶段，我国主要通过生活救济、土地制度改革以及1983年中央一号文件中对增加农业投资、兴修大型水利和电力工程、改善交通条件、办好教育等多个方面的布局，到1985年，农村绝对贫困人口占比已经降至14.8%。在贫困治理体系建立时期，1986年，中央首次制定了国家贫困县标准并推行定点扶贫政策，旨在通过推动区域经济发展来实现稳定减贫目标。1994年，国务院印发了《国家八七扶贫攻坚计划》，并在1994—2000年实现了8000万贫困人口基本衣食有保障的目标。1996年，国家进一步作出了开展东西扶贫协作的重大战略决策，形成了农村贫困治理的新格局。

在十年扶贫开发时期，扶贫环境发生了显著的变化，贫困人口数量减少且相对集中，依靠经济增长和项目资金投入的减贫边际效果明显递减。因此，国务院于2001年6月发布了《中国农村扶贫开发纲要（2001—2010年）》，并从2004年起连续出台了以"三农"为主题的中央一号文件，通过强有力的惠农政策和专项减贫干预协同发挥作用，逐步构建了汇聚多方力量、协同推进的大扶贫工作格局。此时期的扶贫开发战略可以用"一体两翼"来概括："一体"，即"整村推进"策略；"两翼"一方面强调了通过就业指导和技能培训来有效利用农村贫困劳动力，另一方面强调了龙头企业的壮大在吸纳和带动农村贫困人口减贫方面的重要作用。

《中国农村扶贫开发纲要（2011—2020年）》的印发则预示着我国农村贫困治理进入了扶贫开发的精准扶贫时期。在此阶段国家大幅度提高了贫困标准，并提出了"两不愁三保障"的总体目标，既对基本衣食住方面进行保障，又致力于农户稳定脱贫能力的提升。2013年精准扶贫方略的形成和2015年打赢脱贫攻坚战的提出，不仅是对以往传统扶贫治理方式的改变和创新，同样也是推动农业农村工作全面深化改革的过程。我国通过"五个一批"等方式和分类施策，实现了对农村产业、治理体系、资源配置整合等多个方面的重构和农村贫困问题的全面解决。

3.1.2 乡村振兴战略提出的背景和发展脉络

近年来，我国农业农村发展和农村减贫工作取得了举世瞩目的成就，农村产业结构得到有效优化，生产经营过程不断向优质化、绿色化方向发展，农村生活生产设施和公共服务不断完善和提档，农民逐步向"生活富裕"目标迈进。但城乡发展不协调、乡村发展不平衡不充分的问题也逐渐突出，城乡居民在可支配收入、基本公共服务获得、社会保障水平等诸多维度均存在明显差距。乡村发展不平衡主要呈现出农村两极分化的趋势，不仅表现为不同地区间的发展差距拉大，还表现为农户之间的分化。在此背景下，党的十九大报告强调"三农"问题是关系国计民生的根本性问题，并基于人民日益增长的美好生活需要和不平衡不充分的发展之间的矛盾、粮食安全和社会稳定方面的综合考量以及"四个现代化"建设目标，提出了乡村振兴战略和"二十字方针"发展目标，分别以 2020 年、2035 年和 2050 年为任务阶段，为战略的落地实施明确了具体方向。

乡村振兴战略作为国家战略和农业农村发展的理论指导，其提出经过了一个长期过程，有着丰富的历史积淀。徐宏潇（2019）将乡村振兴理论逻辑贯穿到改革开放前后整个农业农村发展时期，认为其发展过程经历了体制改革、农村市场化建设、社会主义新农村建设和破解乡村不平衡不充分发展问题四个阶段。王丰（2018）认为，乡村振兴的实践自改革开放之时就早已开启，并经历了"农村经济改革→社会主义新农村建设→乡村振兴发展"的演进脉络，乡村发展的基本内涵也从最初单纯的经济增长转变为"生产发展、生活宽裕、乡风文明、村容整洁、管理民主"的多维发展目标，并最终升级为"产业兴旺、生态宜居、乡风文明、治理有效、生活富裕"五个方面的乡村振兴发展任务目标，包含了经济、社会、文化、生态等各个方面的内容。也有学者认为，乡村振兴相关理论主要源于习近平总书记长期的"三农"工作经验、经历以及对乡村发展规律的深入思考（黄承伟，2021）。乡村振兴战略的形成是对历年来"两山论"、美丽乡村建设、"厕所革命"、发展特色小镇、田园综合体建设等论述和实践的不断丰富与积累的过程（唐任伍，2021）。

从政策脉络和农村发展历程来看，随着工业化、城镇化快速推进，乡村的"空心病""污染病""衰退病"（凌慧敏等，2018）等问题也在 21 世纪初期日益凸显。为摆脱农业产业发展不足、乡村文化凋敝、农村建设滞后等困境，中共中央于 2005 年提出了建设社会主义新农村的重大历史任务，明确了以工业化、市场化、城市化的推进带动农业农村稳步快速发展的思路。2007 年，党的十七大报告再次强调了新农村建设、农业发展的重要地位和意义，并提出了城乡一体化的概念。随着中央支农惠农力度的不断加大，城乡差距和对立的局面在一定程度上有所缓解。随着精准扶贫、农村改革的不断推进，2017 年，党的十九大正式拉开了实施乡村振兴战略的序幕，给农业农村发展注入了蓬勃动力，新产业、新业态不断涌现。

3.1.3　脱贫攻坚与乡村振兴的内在联系

从"1.2.2　脱贫攻坚与乡村振兴有效衔接的宏观探讨"中有关"阶段论""有机论"和"协同论"的相关探讨以及前文对农村发展与农村贫困治理历程的梳理中，可以看出脱贫攻坚与乡村振兴两者既有共同之处，也存在各方面的差异性。共同点在于两者均体现了"三个消除"基本思想和着力方向（刘琦，2018），不断破解农村贫困问题和城乡发展困境。两大战略思想的产生也有着同样的历史渊源，充分体现了对马克思主义农业发展理论的继承和发展（傅歆，2019）。在战略内容上，脱贫攻坚"五个一批"与乡村振兴"五个振兴"互融共通、一脉相承。脱贫攻坚与乡村振兴的不同点在于：前者主要聚焦于解决区域绝对贫困问题，表现为攻坚体制下的突击性和局部性特点；后者主要着力解决农村发展不平衡不充分问题，体现了对农业农村振兴的梯度升级和整体性规划布局（冯丹萌，2019）。

从农业农村的发展实际和一般规律可以看出，贫困问题与乡村发展水平存在复杂的关系，两者相互影响、制约、往复循环，其原因和结果在不同发展阶段可能出现交替互换的情况。从脱贫攻坚与乡村振兴的推进历程和关系来看，两大战略既不是相互独立的也不存在对立关系，而是表现为一种相辅相成的关系。从最初救济式扶贫和满足贫困人口基本生活保障的要求，到以扶贫开发解决区域发展并为贫困人口提供公平的发展机会，再到以"两不愁三保障"为基础，加强了对农村养老、义务教育、公共医疗、住房安全等多个维度的系统保障，我国实现了农村人口可持续生计能力的提升和地区人力资本的积累，促进了贫困地区乡村的内源式发展。党的十八大以来，各地通过"六网一中心"建设和多个专项扶贫方案的实施，实现了对贫困地区交通、水利、电力、信息等基础设施短板的补齐和公共服务能力的逐年提升，外源力量的注入为贫困人口和贫困地区的发展提供了更多可能，也为推进乡村振兴战略奠定了坚实基础。

脱贫攻坚的胜利并不意味着我国扶贫工作的结束。一方面，2020 年之后我国贫困治理将逐步由过去重点消除绝对贫困向新阶段不断缓解相对贫困转变，由过去重点关注农民收入问题向全面解决农村多维贫困转变，并且对"消费贫困""转型期贫困"等方面的问题也需要进一步关注（李小云，2018；邢成举，2020）。2020年年初，中共中央、国务院发文指出，要将解决相对贫困问题纳入实施乡村振兴战略统筹安排。另一方面，对最后阶段才完成脱贫任务的地区来说，其大多位于偏远深度贫困地区，大多数地方的扶贫产业仍处在培育成长期。其经济社会发展、公共服务和基础设施建设等多个方面仍处在相对较低水平。加上市场化冲击和区域转型发展带来的不适应，农村家庭和个人仍存在返贫风险和不确定性。国家需要通过乡村振兴发展来巩固拓展脱贫成果，通过产业转型发展、社会兜底保障、乡村治理能力和公共服务提升等多方面着力，实现扶贫产业的提档升级和可持续发展，使农村人口稳定脱贫和可持续生计能力不断增强。

2020年年底，习近平总书记强调，在区域绝对贫困得到有效缓解后，要全面推进乡村振兴发展。同时，中央也对脱贫攻坚与乡村振兴有效衔接工作有了具体的政策表述，明确了推进有效衔接发展的基本思路、目标任务、重点工作等，并强调要做好对乡村振兴重点帮扶县的跟踪监测和考核机制衔接。2021年上半年，根据中央部署，全国扶贫工作机构重组为乡村振兴部门的工作基本完成，"五级书记"抓振兴领导体制有效延续，对有效衔接的机构设置和工作机制等进行了先行探索和实践。

3.1.4 脱贫攻坚与乡村振兴政策衔接的内在逻辑

3.1.4.1 现实逻辑：巩固拓展脱贫成果防止返贫的现实需要

早在2018年2月，习近平总书记就深刻指出，要进一步思考"如何巩固脱贫成效，实现脱贫效果的可持续性"的问题。这是因为精准扶贫、精准脱贫与脱贫攻坚在取得巨大成就的同时，还有一些贫困治理的难点问题尚未得到有效解决，如贫困户内生动力不足、农村高素质人才缺乏、乡村治理能力偏弱等，这很可能成为今后引发返贫与新增贫困的因素。此外，贫困地区与贫困农户实现脱贫后，其发展基础仍较为薄弱，依然处于相对落后状态，可持续发展面临不少瓶颈制约。

在此情况下，我国迫切需要通过一种长期稳定的制度安排，防范化解贫困风险、巩固提升脱贫成效，确保实现稳定脱贫，并为未来更高层次的发展奠定基础。乡村振兴战略是对脱贫攻坚目标的进一步升华，为脱贫之后进一步巩固、拓展与提升脱贫成效提供了长效机制。因此，在"十四五"期间，我国应遵循依托乡村振兴战略来巩固、拓展与提升脱贫成果的基本思路，将脱贫村作为实施乡村振兴战略的重点场域，确保脱贫人口不返贫、脱贫成果有拓展。也就是说，我国要推动巩固、拓展脱贫成果与实施乡村振兴战略有效衔接，结合乡村振兴规划做好脱贫摘帽地区的后续支持工作。

这里的"巩固"至少包含两个层面的政策内容：第一，要巩固的脱贫成果是物质层面的攻坚成果，即要巩固和提升"两不愁三保障"的水平，坚决防止发生系统性、规模性返贫。为此，我国需要在建立健全防止返贫的动态监测和预警机制、推动贫困地区特色产业可持续发展、构建脱贫人口和低收入人口长效增收机制、持续加大帮扶资金和项目的投入力度、进一步完善农村社会救助和社会保障体系等方面着力，继续夯实稳步脱贫的物质基础。第二，要巩固的脱贫成果是理论化的攻坚成果和中国减贫的宝贵经验，即要将脱贫攻坚过程中所形成的宝贵的经验和理论成果进行吸收借鉴与转化完善。例如，继续深入研究和诠释脱贫攻坚所形成的中国特色反贫困理论，继续弘扬伟大的新时代脱贫攻坚精神，继续坚持和强化党对"三农"工作的领导，为接续推进乡村全面振兴提供坚强的政治和组织保障，继续坚持以人民为中心的发展思想，继续坚持做好"三农"工作所必需的精准思维和精准方略，等等。

这里的"拓展"是指两大战略衔接过渡期内政策的瞄准对象应当有新拓展。对那些通过享受精准脱贫政策已经具备了较强发展能力的脱贫户，政府应当通过政策调整使其从精准帮扶对象中间退出；对那些受到重大疾病、自然灾害、身体残疾等因素影响的具有较大的返贫风险的边缘贫困群体和低收入人口，政府应当通过对帮扶对象的动态调整将其重新纳入监测和帮扶范围之内。

3.1.4.2 历史逻辑："三农"工作重心历史性转移的战略选择

从脱贫攻坚到乡村振兴是新时代乡村发展的战略转型。全国扶贫工作机构重组为乡村振兴部门的工作基本完成（黄承伟，2021），从脱贫攻坚到乡村振兴的历史性转移已经启动，全面推进乡村振兴进入"快车道"。这就需要深刻认识和把握新发展阶段"三农"工作的全新历史方位。这里的历史方位是指一个民族、国家在历史进程中的前进方向、所处位置以及发展状态（黄承伟，2021）。由此来看，两大战略的有效衔接就是"三农"工作重心的历史性转移与"两个一百年"历史进程交汇过渡的战略选择。

乡村振兴战略是中国农村发展不同历史阶段战略的延续以及在新时代的提升。对乡村振兴战略的理解和实践必须统筹在中国历史上农村发展各阶段的战略中，注重衔接性和延续性（杨玉珍、黄少安，2019）。换言之，全面推进乡村振兴战略绝不能割裂历史，不是用一个战略去否定另一个战略，也不仅仅是表述方式的转换，而是中国农村发展战略历史性的进一步演变，是对中国农村发展进入新阶段后，面临新的任务、需要干什么、能够干什么的重新定位，是中国农村上一阶段发展战略中持续关注或所做事情在新阶段用新的方式、新的手段、新的路径做得更好，是将上一个阶段想做而没有能力或没有条件、当时做不了的事情在新阶段的发力和持续完成。因此，我国必须统筹好乡村振兴战略和既有农村发展战略的关系。

具体来说，乡村振兴战略直接的历史因循和思想源流是"社会主义新农村建设"，它为乡村振兴战略的提出和实施提供了历史参照（许源源，2020）。进入 21 世纪，中国社会经济的发展特征表现为：一方面是工业化、城市化的快速推进；另一方面是虽然"三农"问题数次被中央强调为"重中之重"，但并没有得到有效解决（周立，2021），"三农"发展仍然滞后，甚至在某些方面存在着严重的问题。

在这种情况下，2004 年 9 月，党的十六届四中全会上，胡锦涛总书记提出了"两个趋向"的重要论断，意味着"工业反哺农业、城市支持农村"的乡村建设与发展的路线方针的确立。随后，2005 年 10 月，社会主义新农村建设拉开序幕（唐任伍、唐堂、李楚翘，2021）。这标志着我国真正从国家战略层面开始了对"三农"由"汲取"到"给予"的综合尝试，"三农"问题的恶化态势得到了有效遏制。在此基础上，乡村振兴战略的实施则进一步巩固和提升了社会主义新农村建设的成果。由此可见，脱贫攻坚衔接乡村振兴战略是社会主义新农村建设的延续。

3.1.4.3 理论逻辑：中国特色社会主义本质属性的学理要求

元理论是理论层次结构中最高、最本质层次的理论（刘爱莲、彭恩胜，2009）。与基本理论和应用理论相比较，元理论是一种更高级的逻辑形式。中国特色社会主义本质属性及蕴含的共同富裕论、社会主要矛盾论，是脱贫攻坚与乡村振兴政策衔接的元理论。中国特色社会主义的本质属性要求必须坚持走共同富裕之路、体现出社会主义制度的优越性、解决好发展不平衡不充分问题，并由此派生出了全面建成小康社会论、中国特色社会主义乡村振兴道路论、中国特色社会主义反贫困理论、乡村建设与乡村发展理论等基本理论，进一步从学理上阐释了为什么要实现脱贫攻坚与乡村振兴有效衔接。

中国特色社会主义本质属性是脱贫攻坚与乡村振兴政策衔接的元理论。这是因为消除贫困、改善民生、实现共同富裕，让人民生活幸福是"国之大者"，是社会主义的本质要求，是新时代赋予共同富裕的新内涵、新目标和新要求。但是与此同时，新时代我国发展不平衡不充分问题是最根本性的问题，是阻碍实现共同富裕的主要因素。尤其是社会主义初级阶段的特征很大程度上表现在农村（许源源，2020）。从国家治理现代化视角来看，农业农村现代化长期处于薄弱环节；从城乡二元结构来看，农村基本公共服务供给不足、农村基础设施水平较低、农民生活水平不高。中国城镇化快速推进，大量的劳动力、资本、土地等要素流向城市（许源源，2020）。这就必须通过两大战略的衔接，接续推进乡村全面振兴，补齐全面建成社会主义现代化强国的"三农"短板，体现社会主义制度的优越性。

此外，虽然脱贫攻坚解决了"两不愁三保障"问题与绝对贫困问题，我国已经全面建成小康社会，但是绝不能说我们已经实现了共同富裕（付文军、姚莉，2021）。这是因为全面建成小康社会只是迈向共同富裕道路上的一个重要标志，要促进共同富裕取得更为明显的实质性进展，仍然有很长的路要走。目前，制约实现共同富裕目标的主要因素在于发展不平衡不充分。因此，化解新时代中国特色社会主义主要矛盾是当前的主要任务，也是迈向共同富裕的必然要求。

从这个意义上说，促进两大战略政策衔接，接续推动乡村全面振兴，就是解决发展不平衡不充分问题的必然选择，是化解当前社会主要矛盾的战略举措，是迈向共同富裕的关键环节，也是中国特色社会主义本质属性的内在规定性。

3.2 有效衔接的内涵演变

准确理解和把握有效衔接的科学内涵，是构建评价指标体系并实现对其科学评价的基础和前提。近年来随着政府和学者们对脱贫攻坚与乡村振兴有效衔接问题关注度不断提升，相关政策文件和学术研究也日益丰富。自有效衔接提出以来，其概念内涵和实践逻辑也在不断发展和丰富。

3.2.1 贫困地区脱贫攻坚是重中之重

2018 年，中共中央、国务院发文强调贫困地区乡村振兴的首要任务是脱贫攻坚。从习近平总书记关于有效衔接的相关重要论述来看，2018 年 2 月，习近平总书记在四川视察时指出，实施乡村振兴战略，基础和前提还是要把脱贫攻坚战打赢打好。习近平总书记在中央政治局第八次集体学习时对有效衔接问题进行了重申和强调。时任中央农办主任韩俊在中央一号文件和乡村振兴战略的解读中，也对有效衔接问题作出了进一步的阐述：脱贫攻坚本身就是乡村振兴中的一项重要内容，对于连片特困地区而言，在2020年之前的乡村振兴工作仍然是以确保贫困人口全部摘帽和区域绝对贫困问题的有效解决为重心。

从学界相关讨论和研究成果来看，在脱贫攻坚战的最后三年和乡村振兴战略的开局阶段，学者们也普遍认为脱贫攻坚在于解决了农村居民的基本生活保障，提升了农户发展产业和就业脱贫的可行能力，补齐了推进乡村振兴发展的各项短板（庄天慧等，2018）。按时完成脱贫攻坚的任务目标既是全体人民共同步入小康的最低要求，也是推进乡村振兴的基础内容和前提保障（叶敬忠等，2019）。脱贫攻坚作为乡村振兴战略的重要组成部分和阶段性任务，特别是在乡村振兴起步阶段，对增强农户抗风险能力、促进贫困农村跨越式发展等方面起到了重要作用（王超等，2018）。张永亮（2018）从贫困户自我发展能力提升的视角阐述了脱贫攻坚对农村人力资本培育的基础作用以及后期对实施乡村振兴战略的重要意义。在此阶段，相关评价指标体系的构建和测评重点也大多集中在区域脱贫成效、扶贫资金效率以及农户脱贫能力评价等方面。

可以看出，在2018年乡村振兴战略实施和有效衔接提出的初期阶段，由于我国832个贫困县中仍有679个尚未脱贫摘帽，再加上脱贫攻坚任务的紧迫性和特殊性，此时有效衔接的内涵主要还是以贫困地区脱贫工作为重心和优先任务，并通过乡村振兴战略的实施对其进行统领和促进。

3.2.2 脱贫攻坚与乡村振兴协同推进

随着各地对乡村振兴发展的不断探索和农村扶贫相关工作的深入推进，部分地方由于对两大战略关系认识不足，两者主管部门和责任分工不同，在攻坚体制下扶贫工作的突击性、局部性特征与乡村全面振兴的渐进性、整体性特征之间产生矛盾，两项工作在2019年和2020年推进中出现了明显的"两张皮"现象（贾晋等，2020）。由此，学界开始呼吁要坚持脱贫和振兴"两手抓"，从顶层统一规划、项目长短布局等方面入手将乡村振兴与脱贫攻坚有机结合起来，构建并完善两者协同推进的体制机制（邢中先，2019）。

2019年3月，在参加十三届全国人大二次会议内蒙古代表团的审议时，习近平总书记强调"要把脱贫攻坚同实施乡村振兴战略有机结合起来"。在2020年年初的决胜脱贫攻坚座谈会上，习近平总书记进一步指出，要将脱贫工作统筹到乡村振兴中来。2020年中央一号文件基于协同推进的思想，分别从补齐农村发展短板、促进农民持续增收、加强基层治理等方面统筹提出了总共 27 项涉及"三农"领域的重点工作。

在此阶段，边慧敏等（2019）认为，两大战略内涵共通，并在方向上保持高度一致，其在本质上还是关于协同发展的问题。高强（2019）从政策衔接的视角出发，提出要明确两大战略的政策着力点，做好规划统筹、政策统筹、监管统筹和工作统筹。张敏敏、傅新红（2019）基于对脱贫攻坚和乡村振兴协同推进与相互影响关系的认识以及两大战略正处在交汇期的判断，从目标、过程和结果三个方面探讨了联动机制的构建，并提出对农村贫困和发展问题的系统解决思路。随着相关理论研究的深入，关于脱贫攻坚与乡村振兴协同性、耦合度以及省、县、乡、村不同层级的乡村振兴发展测度等方面的相关研究也逐渐展开。

可以看出，2019—2020 年，关于有效衔接的概念内涵也有进一步的丰富。在由脱贫到振兴的交汇期中，基于战略的推进和基层实际情况，对尚未摘帽的贫困县，国家需要在保障农村贫困治理任务按时完成的基础上，通过统筹谋划来实现与乡村振兴的协同推进；对已经完成脱贫摘帽的地区，国家需要通过乡村振兴来进一步拓展脱贫成果，加速农业农村发展。

3.2.3 脱贫攻坚与乡村振兴有效衔接

在 2020 年年底召开的中央农村工作会议中，关于有效衔接的概念和内容有了新的表述，即"做好巩固拓展脱贫攻坚成果同乡村振兴有效衔接"。中央"三十号文件"明确了做好有效衔接的基本思路、目标任务和主要原则，针对有效衔接提出了 24 项重点工作。在 2021 年 2 月的中央一号文件中，由脱贫到振兴的衔接也被列为首项重点工作，并对"设立衔接过渡期"等工作进行了具体部署。《中华人民共和国国民经济和社会发展第十四个五年规划纲要和2023 年远景目标纲要》的第二十六章专门对有效衔接相关工作进行布局，并以"提升脱贫地区整体发展水平"作为今后一段时期"三农"工作的重点内容。

从这一时期关于有效衔接的讨论和研究来看，既有从脱贫攻坚任务完成后我国贫困治理转变的视角的研究，也有从新阶段乡村振兴发展重点等方面的探讨。李小云等（2020）指出，现阶段中国农村的贫困格局已经发生了很大的变化，防止返贫、防止相对弱势和困难群体陷入贫困陷阱将成为国家减贫战略框架的主要内容。魏后凯（2020）在对"十四五"时期农村发展的若干重大问题的梳理和研判基础上提出要关注脱贫的质量与可持续性，并通过乡村振兴政策体系框架的不断完善，逐步建立农民稳定增收机制，有效防止边缘人口的返贫致贫，并推进农村高水平的小康社会建设。他认为，这些是未来需要解决的关键问题。曾恒源、高强（2021）认为，应将有效衔接纳入乡村振兴重要理论的研究范畴，并基于现阶段的重要形势任务，从风险防范和稳步推进两个方面对有效衔接的概念内涵进行了阐述。

综上所述，在 2020 年后，有效衔接的概念内涵也随着全国脱贫攻坚任务的圆满完成和"三农"工作重心的转移而进一步丰富。经历了从 2018 年的"以贫困地区脱贫为重中之重"，到 2019 年和 2020 年的"协同推进"，再到 2021—2025 年的"巩固拓展"的变化，有效衔接的概念和内容一脉相承，并随着两大战略推进阶段的变化和理论讨论的逐年深入而不断完善，与有效衔接相关的各项测度评价维度设计和指标选择也随之不断调适。

3.3　有效衔接的重点任务与理论内涵

在上一节中，本书对有效衔接的不同阶段内涵演变和测评重点进行了梳理与讨论，为在后续研究中对其进行科学评价奠定了基础。但是，关于新阶段有效衔接评价体系的构建、评价维度的确定以及评价指标的具体选择等工作则需要建立在对有效衔接理论内核和重点任务的进一步深入分析和判断的基础上。因此，在这一节中，本书运用扎根理论和文本分析法对 2020—2021 年中央和湖南省相关政策文件及会议精神进行分析，以期从现阶段有效衔接的重点工作梳理中明确评价维度和具体指标，从理论框架构建中对有效衔接理论内涵有一个科学和系统的把握。

3.3.1　基于中央政策文件的扎根分析

如前文所述，关于"有效衔接"的词汇最早出现在 2018 年中央一号文件中，并随着脱贫攻坚和乡村振兴的不同推进阶段与现实需求变化。该词在政策文件中出现的频率逐年增高，其内涵也越来越丰富。尽管 2021 年的各项政策文件中对有效衔接的任务目标和具体工作进行了部署，也提出要对有效衔接工作进行重点监测和科学评价，但目前仍然没有相关政策和文献给出明确的概念。政策文本是反映政府执政理念和注意力分配的重要载体（黄萃等，

2015），就各项政策对"有效衔接"相关阐述的文本分析，有利于提炼出其中隐含的真实内涵（田华文，2020），明晰在推进有效衔接工作中的重点内容和实践逻辑。

由于本节的研究目的是对有效衔接的概念和理论内核进行提炼，因此基于权威性和指导性考量，笔者在政策样本的选择中以"脱贫攻坚""乡村振兴"和"衔接"作为关键词进行搜索，主要选择中华人民共和国中央人民政府网站公布的政策文件和会议精神为第一样本，并以湖南省相关政策文件、研讨会记录、调研访谈记录为辅，作为第二样本，以对前者的提炼内容进行理论饱和度检验。在样本的二次筛选中，笔者基于有效性和充分性考虑，仅保留对"有效衔接"作出具体描述和部署的相关政策文件或段落。政策样本选择一览表如表 3-1 所示。

表 3-1　政策样本选择一览表

分组	颁布时间	编号	样本名称
样本 1 组	2020 年 1 月 2 日	1	《中共中央　国务院关于抓好"三农"领域重点工作确保如期实现全面小康的意见》
	2020 年 3 月 6 日	2	《习近平出席决战决胜脱贫攻坚座谈会并发表重要讲话》
	2020 年 12 月 16 日	3	《中共中央　国务院关于实现巩固拓展脱贫攻坚成果同乡村振兴有效衔接的意见》
	2020 年 12 月 29 日	4	《习近平出席中央农村工作会议并发表重要讲话》
	2021 年 1 月 4 日	5	《中共中央　国务院关于全面推进乡村振兴加快农业农村现代化的意见》
	2021 年 3 月 12 日	6	《中华人民共和国国民经济和社会发展第十四个五年规划和 2035 年远景目标纲要》
	2022 年 1 月 4 日	7	《中共中央　国务院关于做好 2022 年全面推进乡村振兴重点工作的意见》
	2023 年 1 月 2 日	8	《中共中央　国务院关于做好 2023 年全面推进乡村振兴重点工作的意见》

表3-1(续)

分组	颁布时间	编号	样本名称
样本2组	2020年3月7日	9	《中共湖南省委 湖南省人民政府关于抓好全面小康决胜年"三农"领域重点工作的意见》
	2021年3月29日	10	《中共湖南省委 湖南省人民政府 关于全面推进乡村振兴加快农业农村现代化的实施意见》
	2021年9月23日	11	《湖南省"十四五"巩固拓展脱贫攻坚成果同乡村振兴有效衔接规划》
	2022年3月8日	12	《中共湖南省委 湖南省人民政府 关于做好2022年"三农"工作扎实推进乡村振兴的意见》
	2023年2月22日	13	《中共湖南省委 湖南省人民政府 关于锚定建设农业强省目标扎实做好2023年全面推进乡村振兴重点工作的意见》

本书对有效衔接理论内核和重点任务的提炼主要运用扎根理论和NVivo软件。扎根理论分析属于质性研究方法的一种，是主要通过文本数据的收集、编码和分析，自下而上提取概念并扎根在数据中建构理论的一种研究方法（贾旭东，2010）。扎根理论是一种从研究文本中提炼理论观点、定义概念和逻辑联系的科学方法（杨海珍等，2020）。本书运用扎根理论对样本1组进行系统化处理的过程通常包含三级编码，即对不同数据贴上符合其所属部分的特征标签，以便进行筛选、比较和提炼。

首先，笔者对有效衔接相关的政策表述进行逐句（短语、词汇）采用开放式编码，进行概念提炼形成第一级编码；其次，笔者通过对上述概念节点的内涵关系整合和分类，形成主轴编码；最后，笔者采用选择性编码（理论编码）将范畴升华提炼，并完成理论框架的构建（Kenny M et al.，2014）。样本2组重复上述操作，笔者对其理论饱和度进行检验，并通过节点补充、范畴修正不断完善理论。

3.3.1.1 开放式编码

开放式编码，即初始编码，是通过对政策文本的逐项梳理、分解、比较，提炼出语句的关键要素，并对概念和范畴/类属（category）进行最大程度的提取，实现整个数据脉络逐渐清晰的过程（吴肃然等，2020）。首先，笔者使用NVivo软件对样本1组6份中央政策文件进行逐句编码（如1-1代表政策文件1中第1条具有实际概念意义的代表性语句），初步得到关于脱贫攻坚与乡村振兴有效衔接相关的 326 条语句。笔者通过对政策条款中提取出的类似概念进行梳理和节点归纳，得到生活保障、教育保障……稳定就业、基础设施、公共服务等 24 个概念，之后将类似概念聚拢为范畴，最终得到"两不愁三保障"、防范规模性返贫、稳定脱贫、特色产业发展、宜居乡村建设、乡村治理水平、体制机制转换七个范畴（见表 3-2）。限于表格篇幅，在原始语句示例一栏仅进行部分节选举例。

表 3-2　政策样本的开放式编码及概念和范畴提取

范畴	概念化	原始语句示例（节选）
"两不愁三保障"	生活保障	1-2 落实……综合社会保障政策；3-5 重点监测收入水平变化和"两不愁三保障"巩固情况；4-20 织密兜牢丧失劳动能力人口基本生活保障底线
	教育保障	1-12 农村义务教育控辍保学专项行动；4-4 适龄儿童少年不失学辍学
	医疗保障	4-5 落实分类资助参保政策；4-19 完善……参保个人缴费资助政策
	住房保障	4-17 实施农村危房改造和地震高烈度设防地区农房抗震改造
	饮水安全	1-5 推进城乡供水一体化；4-6 维护好已建农村供水工程成果
防范规模性返贫	防止新贫困	1-1 新发生贫困人口及时纳入帮扶；4-3 对脱贫不稳定户、边缘易致贫户……定期检查、动态管理
	防范返贫	2-4 加快建立防止返贫监测和帮扶机制；4-1 摘帽不摘监管，防止贫困反弹；4-18 调整优化针对原建档立卡贫困户的低保"单人户"政策
稳定脱贫	稳定就业	1-24 技能培训，打造区域性劳务品牌；2-1 加强劳务输出地和输入地精准对接；4-23 扶贫车间；5-1 统筹用好公益岗位；5-2 推广以工代赈
	人力资本	1-3 深化扶志扶智，激发贫困人口内生动力；1-12 重视农村学前教育……教育资源供给；4-16 建立健全引导各类人才服务乡村振兴长效机制

表3-2(续)

范畴	概念化	原始语句示例（节选）
特色产业发展	产业特色化	1-20 立足资源优势……农业全产业链；4-7 规划发展乡村特色产业
	产业品牌化	1-21 打造地方知名农产品品牌；4-11 打造区域公用品牌
	产业绿色化	1-15 农膜污染治理……秸秆综合利用；5-6 推进化肥农药减量增效
	产业融合化	1-6 支持农村产业融合发展示范园建设；5-4 开发休闲农业和乡村旅游精品线路；5-5 推进农村一二三产业融合发展示范园和科技示范园区建设
	产业现代化	1-17 高标准农田建设；5-3 布局特色农产品产地初加工和精深加工
宜居乡村建设	基础设施	1-4 推动"四好农村路"示范创建；1-7 "三区三州"和抵边村寨电网升级改造；1-4 移动通信网络普遍覆盖；4-14 自然村（组）通硬化路
	公共服务	1-10 加强乡镇寄宿制学校建设；1-13 办好县级医院；4-15 加强乡村小规模学校建设；4-25 职业院校（含技工院校）基础能力建设
	人居环境	1-9 农村厕所革命；1-10 农村生活垃圾治理；1-11 农村生活污水治理；3-6 改厕和污水、垃圾处理；4-13 生活垃圾和污水治理、村容村貌提升
乡村治理水平	法治水平	1-29 "一村一法律顾问"……法律服务；1-30 深入推进平安乡村建设
	精神文明	1-14 基本公共文化服务向乡村延伸；3-4 科学知识……农村移风易俗
	自治能力	1-27 完善村规民约；1-28 发挥家庭家教家风在乡村治理中的重要作用；3-6 创新乡村治理方式，提高乡村善治水平
	组织建设	1-25 落实村党组织书记县级党委备案管理制度，建立村"两委"成员县级联审常态化机制；1-26 向贫困村……集体经济薄弱村派驻第一书记

表3-2(续)

范畴	概念化	原始语句示例（节选）
体制机制转换	工作体系	1-8 扶贫工作方式由集中作战调整为常态推进；2-3 推动减贫战略和工作体系平稳转型；4-31 支持一批乡村振兴重点帮扶县；4-35 一体化推进
	工作机制	4-32 东西部协作和对口支援、社会力量参与帮扶机制；4-34 健全中央统筹、省负总责、市县乡抓落实的工作机制；4-36 做好考核机制衔接
	领导体制	4-37 构建责任清晰……执行有力的乡村振兴领导体制，层层压实责任

3.3.1.2　主轴编码

主轴编码又称轴心编码（axial coding），是通过对范畴的进一步聚类分析和关联重组，从而形成主范畴和对应范畴，使范畴之间的潜在逻辑关系更加明了（贾哲敏，2015）。笔者对开放式编码中得到的七个范畴进行逻辑分析和聚类归纳，建立范畴之间的联系，并引用政策文件中的语句对其命名，共得到巩固拓展脱贫攻坚成果、全面推进乡村振兴、有效衔接体制机制 3 个主范畴（见表 3-3）。

表 3-3　主轴编码中的主范畴和对应范畴

主范畴	对应范畴	关系内涵
巩固拓展脱贫攻坚成果	"两不愁三保障"	解决贫困人口最低生存与发展需求问题是有效衔接的最低要求
	防范规模性返贫	做好监测和帮扶,防范规模性返贫是有效衔接的基本内容
	稳定脱贫	以就业和教育培训实现农户的长效脱贫与全面发展相衔接
全面推进乡村振兴	特色产业发展	因地制宜发展壮大特色产业是实现有效衔接的动力源泉
	宜居乡村建设	宜居乡村是乡村振兴和农户内生动力形成的重要载体
	乡村治理水平	乡村治理和精神文明建设是推进有效衔接的重要保障
有效衔接体制机制	体制机制转换	通过脱贫攻坚体制机制的稳步过渡和创新转变建立与乡村振兴有效衔接的体制机制

3.3.1.3　选择性编码

选择性编码是整个编码工作的最后一步，是对主范畴进行"故事线"梳理，找出其中逻辑关联，并进行理论化的关键步骤（刘世闵等，2017）。笔者通过提取核心范畴/类属、过程分析、归纳提升、理论构建等一系列工作，最终形成完整的理论框架。通过对样本观点的反复分析比较，本书从农户和乡村两个方面将有效衔接的理论内涵进一步提炼为农户可持续生计和乡村转型发展。其原因在于：第一个和第二个主范畴及其六个对应范畴对农户人力资本、物质资本、金融资本、自然资本和社会资本提升等方面均有所涉及，涵盖了乡村产业转型、村庄转型和治理转型等方面的内容。另外，学界也普遍认为，有效衔接关键在于农户可持续生计能力的培育，并以乡村转型和高质量发展为主线构建脱贫长效机制，最终实现农户高质量稳定脱贫和乡村内源性发展（李实等，2020；吕方，2020；涂圣伟，2020）。

3.3.2 推进有效衔接的六项重点任务

从上述分析可以看出，有效衔接的概念包含了由"脱贫"到"振兴"两个领域的内容和要求，其中前者包含了"两不愁三保障"、防范规模性返贫、稳定脱贫三项对应范畴（重点任务），后者包含了特色产业发展、宜居乡村建设、乡村治理水平三项对应范畴（重点任务）。

从中央文件关于有效衔接重点任务和发展目标的阐述来看，各项工作之间具有较强的系统性和逻辑性，本书对有效衔接的测度评价也将主要针对这六项重点任务和目标来展开。

3.3.2.1 巩固拓展脱贫攻坚成果是新阶段农村贫困治理的基本要求

第一，需要继续监测和提升"两不愁三保障"水平。此范畴主要包含了表3-2中生活保障、教育保障、医疗保障、住房保障等概念。饮水保障的内容也纳入此范畴。在脱贫攻坚期间，将"两不愁三保障"作为脱贫的底线标准，为解决农村贫困人口的衣、食、住、教、医等方面的基本生活保障和绝对贫困问题起到了重要作用，但仍存在城乡差距较大、覆盖面不广、保障水平较低等问题（刘玉安等，2020），无法满足新阶段农民需求增长和乡村振兴的目标要求。从财政部公布的数据来看，我国近年来社会保障和就业支出仅占公共预算支出的13%左右，远低于发达国家的40%的水平。因此，在推进巩固脱贫攻坚成果与乡村振兴有效衔接期间，我国通过健全农村社会保障体系和织牢农村人口兜底"安全网"，进一步提升"两不愁三保障"水平，对提升农户抵御自然、市场等多方面风险的能力，降低致贫、返贫不稳定因素的影响有着重要意义。

第二，需要注重防范规模性返贫，在过渡期内防止返贫现象和新增贫困发生。此范畴主要包含了表3-2中防止新贫困和防范返贫两个概念维度。2021

年中央一号文件以及《中华人民共和国国民经济和社会发展第十四个五年规划和 2035 年远景目标纲要》均将防范规模性返贫作为巩固脱贫成果的重点工作，一旦出现规模性返贫或大面积新生贫困，我国的脱贫攻坚和小康社会建设难免会受到国内人民和国际社会的质疑，而全面推进乡村振兴的底部基础也将不稳。习近平总书记强调"巩固脱贫成果难度很大"，一方面，偏远贫困地区发展基础差、生产生活条件恶劣、社会保障水平不足是农户致贫的主要原因，突发性公共卫生事件、极端气候和地质灾害又给外出务工、产业发展和农产品销售带来了新的挑战；另一方面，脱贫地区仍存在产业基础薄弱、就业不稳定和数字脱贫等问题，边缘人口中仍存在大量致贫和返贫风险。因此，除了提升"两不愁三保障"水平外，国家还需要做好农村致贫和返贫人口监测预警，建立多级帮扶响应机制。

第三，需要持续推进农户稳定脱贫建设，通过稳定就业和人力资本培育来实现农户可持续生计能力的提升，为实现脱贫农户参与到乡村振兴中来筑牢基础。增强农户脱贫和振兴的内生动力是构建稳定脱贫长效机制的重要内容。从建档立卡户的基本情况来看，技术、资金和发展动力不足等因素同样是致贫和返贫的主要原因。在脱贫攻坚期间，90%以上的贫困人口是通过参与产业脱贫和就业脱贫的方式实现摘帽，产业、就业、教育、培训等扶持政策以及扶志与扶智的结合，为农户能力提高和多元化发展脱贫提供了可能。因此，进一步加强农户稳定脱贫能力建设和收入的稳步增长将是推进有效衔接的又一重点工作。国家对农户生产经营、收入水平、教育娱乐支出等方面的监测，既有利于判断现阶段农户稳定脱贫能力，又对乡村振兴的生活富裕目标维度进行了一定程度的反映。

3.3.2.2 全面推进乡村振兴战略是新阶段农业农村发展的目标导向

第一，特色产业发展是实现有效衔接的核心动能，仅靠"输血式"帮扶无法实现欠发达地区的持续脱贫。我国必须要以产业发展和梯度升级作为关键衔接点，持续推动各类优质资源要素自发流入农村，全面推动乡村振兴发展。特色产业发展范畴主要包含了表 3-2 中产业特色化、产业品牌化、产业绿色化、产业融合化和产业现代化五个概念维度。在脱贫攻坚期间，短平快产业发展带来的同质化和竞争力不强、产业发展层次低和链条短、产业布局和融合发展不充分以及长效产业仍处在培育期等方面的问题，成为扶贫产业向产业振兴发展的主要制约因素。产业"五化"的提出要求立足于当地自然禀赋和优势特色资源，通过区域公共农产品品牌、"三品一标"认证带动农业品牌化和绿色化发展，不断满足市场需求变化而增强竞争力；通过三次产融合发展延伸农业产业链并增加农产品附加值，不断拓宽农户增收渠道。产业现代化是推进农业高效发展和构建乡村振兴现代农业产业体系的基本要求。

第二，宜居乡村建设是巩固脱贫攻坚成果与乡村振兴有效衔接的重要维度，也是农民生产、生活和实现生态可持续的重要建设载体。此范畴主要包含了表3-2中基础设施、公共服务和人居环境三个概念维度。美丽新村建设和农村人居环境整治是脱贫攻坚和乡村振兴的重要抓手，对增强农民获得感、参与感和主人翁意识，激发脱贫致富内生动力起到了积极作用。农村基础设施建设实现了公路、饮水、供电、通信、燃气向农村的延伸和覆盖，极大改变了农村地区落后面貌，有效提高了农民生产发展能力和生活条件水平。教育、医疗、金融等公共服务的城乡均等化推进，村容村貌的改善和农民生活习惯的转变，为树立"我要振兴"愿景目标和打通乡村振兴路径奠定了基础。

第三，乡村治理水平和精神文明建设是实现有效衔接的有力保障，在推进农业的有序发展和农村建设等方面起到了重要作用。此范畴主要包含了表 3-2 中法治水平、精神文明、自治能力和组织建设四个概念维度。其中，前三者是乡村创新治理方式，构建德治、法治、自治现代治理体系的基本内容和要求。基层党组织和帮扶队伍建设在精准扶贫期间增强了农村群众组织力和凝聚力，并起到了发挥攻坚精神啃"硬骨头"的重要作用。组织振兴同样也是乡村五大振兴中的重要内容。

3.3.3 有效衔接理论内涵与机制探讨

通过对各项范畴关系的进一步提炼和理论归纳，本书得到有效衔接的理论框架，其内核主要包括农户可持续生计能力和乡村转型发展两个方面。

3.3.3.1 有效衔接的理论内涵

从理论内核来看，在巩固拓展脱贫攻坚成果中的"两不愁三保障"、防范规模性返贫、稳定脱贫能力三项重点任务，其主要着力点均指向农户可持续生计能力的提升；在全面推进乡村振兴中的特色产业发展、宜居乡村建设、乡村治理水平则蕴含了农业农村多个维度转型发展和变迁的目标要求。农户的全面发展和生计结构转变又在一定程度上助推了乡村的转型发展，使得乡村在具有一定发展基础（或脱贫摘帽）后，能够通过地方政府的主动转型而实现该地区的跃迁式发展，进而完成乡村振兴全面推进的战略目标。

一方面，历年的贫困治理和农业农村发展政策最终均落脚在农户的可持续生计和乡村转型发展两个方面。从改革开放初期的救济式扶贫和农村基础设施建设，到聚焦县域的开发式扶贫和区域发展战略，再到如今的精准扶贫、社会保障体系构建和乡村振兴战略；从单方面生活救济到不愁吃、穿，教育、医疗、住房等多维度保障；从以民政部门为主到多部门全面参与和协同推进，历年中央一号文件和各专项扶贫政策均离不开农户生计能力提升和农业农村转型发展两大核心主题，其主要措施均落脚于以提升贫困农户物质资本、人力资本、金融资本等方面的存量来不断降低农户生计脆弱性和增强农户可持续生计能力，从农业产业的结构优化和高效发展、新农村（宜居乡村）建设、现代乡村治理体系构建等方面来不断推进乡村转型发展。

另一方面，随着可行能力理论的不断丰富和发展，以农户可持续生计能力提升作为缓解和解决贫困问题的重要途径已经成为各界的共识。农村地区人力资本的投资对促进区域可持续发展能够起到重要和积极的作用，其分析框架也在各国反贫困研究中得到广泛应用。从各国乡村发展历程和一般发展规律经验来看，乡村转型速度越快的地区其贫困发生率往往也越低（黄季焜，2020）。因此，立足于当地优势特色资源，提升农户可持续生计能力、创新乡村发展模式和加速乡村转型发展，能够有效激发欠发达地区乡村发展活力，实现农户的长效稳定脱贫、农业农村快速发展，达到巩固脱贫攻坚成果与乡村振兴有效衔接的目标。

3.3.3.2　有效衔接的理论外延

从理论外延来看，除了包含上述六项重点任务以外，脱贫攻坚向乡村振兴的过渡和衔接，主要是通过脱贫攻坚领导体制、工作体制机制的稳步过渡和创新转换来实现的。这也是现有研究成果中讨论最多的内容，涉及精准理念、"五级书记"、驻村帮扶、东西协作等各个方面的延续、转换和衔接。

一方面，借鉴和完善脱贫攻坚形成的领导体制和工作机制。脱贫攻坚经过全国各地多年的实践探索，已经形成了以"五级书记一起抓""党政主要领导双组长负责"的领导体制和以检查指导、考核评估、驻村帮扶为核心的工作机制，形成了较为完善的运作体系。乡村振兴还处于试点探索和制度框架与政策体系的完善期，推进巩固脱贫攻坚成果与乡村振兴有效衔接需要借鉴扶贫工作经验，建立健全乡村振兴体制机制，包括成立乡村振兴领导小组，明确责任体系；推进组织机构统筹整合和职能划分，将脱贫工作统一纳入乡村振兴中来；建立起防范返贫和新生贫困长效工作机制、持续增收长效机制，做到长短结合、标本兼治；创新和完善监督考核体系与奖惩激励制度，落实驻村帮扶机制，完成扶贫尖兵向乡村振兴队伍的转变，实现帮扶力量留得住、融得进、可持续和制度化发展。

另一方面，建立政策衔接运行机制。实现由脱贫攻坚向乡村振兴发展的平稳过渡，主要政策措施不能"急刹车"，应继续落实"四个不摘"要求，防止返贫和新贫困发生。国家应及时建立政策衔接运行机制，设置政策过渡期并出台政策衔接相关细则、方案，建立临界贫困户监测和返贫防范机制；完善政策衔接保障机制，通过大数据平台建设实现脱贫攻坚和乡村振兴信息的分享、扶贫资金和帮扶队伍的有效配置，避免重复和盲目投入。在逐项梳理归纳各项支农惠农和扶持政策的基础上，国家应通过对产业扶持、基础设施投入、人才资源、土地利用、医疗卫生、民生保障等重点政策的调整和优化，实现扶贫工作和乡村振兴工作重点的承接与转变。

3.3.4　在巩固拓展和有效衔接中推进乡村治理现代化

2021 年中央农村工作会议指出，持续推动巩固脱贫攻坚成果同乡村振兴有效衔接，确保不发生规模性返贫，切实维护和巩固脱贫攻坚战的伟大成就。国家要聚焦产业促进乡村发展，让农民更多分享产业增值收益；扎实推进乡村建设，逐步使农村具备基本现代生活条件；加强和改进乡村治理，维护好农村社会和谐稳定，强化乡村振兴要素保障。

第一，脱贫攻坚期间政府公共服务能力提升、资源下沉基层、行政动员与村民参与密切融合以及基层社会自我发展能力提升，是治理现代化的突出表现。实施乡村振兴战略是实现农业农村现代化的必然选择，巩固脱贫攻坚成果与乡村振兴有效衔接是农业农村现代化的重要环节。实现农业农村现代化的前提是实现乡村治理现代化，加强和改进乡村治理是乡村振兴的重要保障。脱贫攻坚为乡村治理现代化提供了丰富的理论和实践经验。现代化程度往往被认为与经济发展水平相关。经济发展水平高，现代化水平也会相应提高；经济发展水平低，现代化水平也会相应降低。但是，社会治理的现代化程度与经济发展水平可能存在不同步现象。在实施精准扶贫过程中，各级党委政府通过超常规的推动，使一整套现代化的贫困治理机制在贫困地区建立起来，贫困县、贫困村的治理现代化水平迅速提高，治理能力现代化直接推动了脱贫攻坚的胜利。

首先，精准扶贫实践促进了地方政府实现工作重心转移，将公共服务纳入社会治理的工作范畴。提供公共服务是政府特别是基层政府的重要职能。进入21 世纪，随着转移支付规模扩大，贫困地区获得更多资金支持的同时，也停止了农业税和大部分的费用征收。但在一些地方，地区生产总值仍作为考核基层干部的硬性指标，这在一定程度上影响了基层提供公共服务的积极性。在开展精准扶贫后，贫困地区基层政府工作重心转向扶贫，脱贫成为基层政府工作的重中之重。在脱贫攻坚过程中，地方政府积极采取措施促进当地产业发展、优先保障贫困户的利益，同时改善贫困地区基础设施，完善教育、医疗和社会保障，以脱贫攻坚统领社会经济发展。在此期间，关注民生、保障低收入群体利益成为衡量基层政府工作表现的主要指标。

其次，精准扶贫实践促进政府加强基层工作力量。基层政府直接服务于群众，因为工作忙、压力大、任务重、问责多，不少基层干部不仅承受着高负荷的工作压力，也承受着巨大的心理压力。"上面千条线，下面一根针。"基层干部真正用于服务群众的时间被占用，甚至还会导致群众办事难的问题频发。一些基层干部的服务能力和服务意识不强也使得上级决策无法真正在基层落实。由于与农民关系最密切的村干部并非专职干部，因此他们不仅要管理村里大小事务，还要在田间地头忙耕种，群众办事找不到村干部的现象并不少见。特别是在贫困地区，由于年龄偏大、文化水平偏低，一些村干部的工作积极性不高，难以满足群众要求。精准扶贫彻底改变了这种现象，大量干部通过不同方式被派驻到贫困村，吃住在贫困村，工作在贫困村，与贫困户密切联系，大大充实和加强了基层工作力量。在贫困村，不仅有驻村帮扶工作队和第一书记，还有乡镇干部通过包村负责的形式，发挥带头作用帮助村民摆脱贫困。村党支部、村委会的干部被动员起来，许多村干部牺牲了家庭经营时间，全身心地投入扶贫工作中。企事业单位的党员干部也被动员起来，与贫困户建立帮扶联系，走访贫困户，帮助贫困户解决生产生活中的问题。大量干部下沉基层，直接服务群众，保障了国家政策的落实，减少了中间环节，大大提升了工作效率。

再次，在精准扶贫实践中还实现了政府主导与群众参与的有效结合。国家现代化的过程就是国家向基层社会延伸的过程。在传统社会中，国家受到治理能力的限制，往往无法对乡村实施直接治理，乡村按照其自身的逻辑运行。因此，出现治理混乱现象的原因很多，政府对乡村的治理能力不足就是其中之一，如少数贫困村出现村干部滥用权力、优亲厚友的现象，甚至出现抢占乡村公共资源的现象。在乡村振兴战略背景下，以乡村法治为准绳，以德治为基础的乡村治理体系建设十分重要。国家强调依法治村必然伴随国家政权在乡村治理中发挥更重要的作用，精准扶贫充分发挥政府主导作用，在资源下沉的同时，强化党员干部责任，保障顶层设计能够在基层得以实现。从扶贫目标群体的选择，到扶贫措施的落实，精准扶贫的每一步无不体现了中国共产党全心全意为人民服务的宗旨。通过"五级书记"抓扶贫、扶贫任务层层分解、严格的监督检查，精准扶贫发挥了我国集中力量办大事的制度优势。但是，仅仅依靠各级政府的努力是不够的，精准扶贫任务的完成离不开广大群众的积极参与。实施精准扶贫高度重视发挥广大基层干部群众的首创精神，所有的决策过程公开透明，接受群众意见和监督，这为精准扶贫提供了最重要的保障。在精准扶贫中，自上而下的政策落实和自下而上的群众参与有效结合，群众参与为政策落实提供了基础，而政策落实为群众脱贫提供了保障。在脱贫攻坚过程中，群众参与发挥了决定性作用，不仅保障了建档立卡的精准性，而且保障了脱贫效果精准。贫困户、贫困村是否真正脱贫，只有群众最了解。脱贫攻坚为贫困群众参与集体事务搭建了平台，提高了其参与集体事务的积极性和自觉性，村庄的凝聚力得到增强。

最后，在精准扶贫中，贫困村的治理能力得到显著提高。过去贫困村由于人才匮乏，乡村治理陷入困境。与此同时，随着劳动力外流，贫困村经济难以发展，特别是大多数贫困村没有集体经济，缺少资金支持的村级组织在村庄中难以发挥作用。部分村级干部的老龄化、素质低、文化水平不高等问题，限制了村级组织的治理能力提升。精准扶贫战略全面实施以来，各级组织加强村级组织能力建设，通过发展产业、增加农村就业，使更多的人返乡创业，带动乡村经济发展。国家在促进人才回乡的基础上，不断健全乡村人才的激励保障机制，吸引有知识有能力的人回村担任村干部，使村级组织得到充实，使乡村干部逐渐实现年轻化、知识化、专业化。在精准扶贫过程中，贫困村的经济得到长足发展。据农业农村部消息，脱贫村集体经济收入大幅提升，平均每个村都超过12万元。稳定的集体经济收入改变了很多村级组织过去没钱办事的困境，越来越多的村干部想为群众办实事，也在积极为群众办实事解难题，村级组织自我保障和服务群众的能力得到了显著提高。

第二，提升农村公共服务水平，资源下沉基层，保持自上而下的政策畅通和村民自下而上的积极参与，既是精准扶贫的保障，也是乡村振兴的基础，在巩固脱贫攻坚成果与乡村振兴有效衔接的过程中，需要不断完善和提高乡村治理现代化水平。

首先，以实现公共服务均等化为目标，逐步提升城乡居民的公共服务水平。在贫困户稳定脱贫以后，以扶贫为目标的保障措施将逐步退出。但是，在以扶贫为目标的保障措施退出的同时，常规的社会福利和保障水平也应同步提高，一些针对贫困户的社会保障措施应扩大覆盖面。例如，健康扶贫中针对贫困农户的医疗保险和医疗救助制度要适当扩大覆盖范围，稳步提升农村居民的医疗保障水平；教育扶贫的政策也需要进行评估，适当扩大覆盖范围。从提升公共服务的角度看，精准扶贫率先提升了贫困户的公共服务水平，在贫困户退出以后，相关政策需要惠及更多人群，以精准扶贫为参照，稳步推进公共服务均等化，提升乡村公共服务水平。国家在提升普惠的社会福利水平的同时，还需要参照精准扶贫要求，逐步完善特殊人群的社会保障体系，保障特殊群体的基本生存需要。这些特殊人群大多缺少个人资产积累，依靠个人的能力已经很难增加收入，只有不断提升保障水平才能使他们共享经济社会发展成果。

其次，借鉴行政资源下沉经验，继续完善村级行政管理。行政资源下沉乡村的经验表明，随着国家在乡村的职责转变，增强村级组织的行政能力，近距离提供公共服务越来越重要。提升村级组织的能力已经成为当前需要高度关注的问题。随着易地搬迁、村庄合并和城乡一体化发展，原有的村庄治理格局已经不能适应当前乡村治理的要求，将行政体系向乡村延伸是实现乡村振兴的重要保障。行政体系向乡村延伸的目的是能够更及时提供农民所需要的服务，回应和解决农民的问题。村级组织应不断增强服务意识，完善服务手段，对群众的需求作出快速反应，在落实责任的同时增强干部的服务意识。乡村治理数字化可以有效减少中间环节，提升基层组织的服务能力。

最后，加强村民自治和乡村治理能力提升。精准扶贫的经验表明，村民的民主参与、民主决策是实现有效治理的基础，没有民主参与和民主决策，任何政策都无法落到实处。精准扶贫对建立民主参与和民主决策的机制也做了许多有益探索，其核心是村级组织要充分依靠群众，村中重大决策要集中群众意见，以群众满意为评估标准。在推进精准扶贫与乡村振兴有效衔接中，我们要将精准扶贫时期所形成的群众参与、民主决策的机制制度化，成为乡村治理的有效经验。如果我们将贫困治理看作乡村治理现代化的一次尝试，那么在过渡期内，我们要总结贫困治理经验，以贫困治理为参照，提升乡村治理的现代化水平。乡村治理的实践经验表明，加强党的领导和培育农民基层组织是实现"三治融合"的重要途径。我们要进一步增强党组织的凝聚力和战斗力，发挥党员的模范带头作用，同时提升村民的自治能力，将党的领导与村民自治融为一体，形成发展合力。

4 湖南省巩固脱贫攻坚成果与乡村振兴有效衔接的动因

本章尝试结合上述巩固脱贫攻坚成果与乡村振兴有效衔接的理论探讨，来探析湖南省巩固脱贫攻坚成果与乡村振兴有效衔接的动因，回答脱贫攻坚与乡村振兴有效衔接"何以可为"的疑问。

4.1 乡村振兴下的贫困治理转型

湖南省在取得脱贫攻坚全面胜利之后，贫困的性质和特点发生了深刻改变，亟须通过两大战略的有效衔接，纳入乡村振兴战略的框架下，加快贫困治理体系变革，构建持续脱贫的长效机制。

4.1.1 贫困性质和特点的转变

贫困问题具有复杂性和长期性，脱贫攻坚任务完成以后，贫困治理仍然是乡村振兴战略框架下一个重要的议题。也就是说，未来乡村振兴战略期间的很长一段时间要解决的贫困问题，无论从广度上还是从深度上看，都比精准扶贫、精准脱贫与脱贫攻坚阶段更为复杂。也正因为如此，贫困治理长效机制需要从脱贫到振兴的衔接过渡和有效切换。

4.1.1.1 转向治理转型性次生贫困

庄晓惠（2011）较早提出了"转型性贫困"的概念。高明（2018）认为，转型性贫困是由城市化和工业化引起的。李小云、许汉泽（2018）指出，转型性贫困与城乡二元结构高度相关。本书在以往学者对转型性贫困认识的基础上，认为转型性贫困是"后扶贫时代"的一种特殊贫困现象，具有其自身的特征。

脱贫攻坚和乡村振兴两大战略的五年衔接过渡期正属于我国摆脱绝对贫困的"后扶贫时代"。"后扶贫时代"正处于"十四五"时期我国经济社会的新发展阶段，城乡关系、贫困特征、减贫目标等方面都与脱贫攻坚时期有所不同。这反映到政策层面和制度层面，就出现了转型性贫困治理的问题。原有的治贫理念、制度安排和体制机制等需要创新发展。第一，转型性贫困自身所显现出来的"现代性"特征。2020年后的贫困不再是传统的匮乏性贫困，它更多地体现出"现代性"特征。例如，农民工因为工伤导致残疾而造成的贫困、重大疾病形成的医疗负担而导致的贫困、教育和人力资本开发成本提高而诱发的贫困等。第二，相对贫困和多维贫困会更加凸显。在"后扶贫时代"，绝对贫困问题在我国基本消除，相对贫困和多维贫困的问题将越来越凸显。贫困的治理不再是简单瞄准最基本的收入、生存等生计性问题，而是要更加关注脱贫人口和低收入人口的受教育情况、文化素质的提升、自我发展能力的培养、社会的融入等发展型的贫困。因此，在"后扶贫时代"，人们对贫困的认识将会更加深入，贫困的治理手段和治理方法也将会更为深层次化。第三，"转型性贫困"治理面临着新的挑战。"转型性贫困"治理的瞄准对象不再单单是原来农村的绝对贫困人口，而开始具有城乡共同分布的特征，并且呈现出动态变化的特点。加之城乡之间低收入人口群体的大规模务工流动，扶贫资源政策属地供给面临严峻挑战，可能造成扶贫政策目标偏移的风险。破解非均质的城乡二元结构导致的贫困治理机制的二元化，实现城乡扶贫政策措施的统筹衔接，迫切需要对原有的脱贫攻坚政策体系进行优化调整。

4.1.1.2 转为着力缓解相对贫困

将贫困分为绝对贫困和相对贫困是世界各国普遍采用的一种贫困划分方法。朗特里（Rowntree，1901）最早基于物质视角从绝对贫困的范畴对贫困的内涵进行了探讨。"绝对贫困"这一概念的界定对后来学者的研究具有十分重要的奠基作用，之后学者关于贫困的理解逐渐走向多元。约翰·加尔布雷思（John Galbraith，1958）进一步拓展了贫困的概念，认为贫困不仅仅是收入比较低，还关乎收入分配的公平与否等问题，这实际上是从相对贫困的视角和范畴对贫困进行了界定。在这之后，学者们开始从相对贫困的研究视角来审视贫困问题。这就大大拓展和深化了对贫困的认识。这表明贫困不只是经济和物质层面的收入低微，即我们通常所认识到的——从经济层面来看，贫困意味着资源的匮乏、物质生活资料的短缺以及个人和家庭层面基本社交的不可获得

（Onky，1963；Townend，1979；Ravallion，1996）。从政治权利视角来看，贫困意味着一个人发展的"能力""权利"以及享受平等的公共服务与公共产品的机会的被剥夺（Amartya Sen，1985）。从社会资本、社会网络与人的全面发展的层面来看，贫困意味着人的全面发展的受阻、应对外部冲击的脆弱性、社会交往与情感交流的缺乏、缺少发言权、被社会排斥在外，而绝不仅仅是物质的短缺（Oppenheim，1993）。

从湖南省的情况来看，当前湖南省已经胜利完成脱贫攻坚任务，如期全面建成小康社会，进入了推动乡村全面振兴和实现农业农村现代化的新发展阶段，这意味着绝对贫困现象在湖南基本消除。但是，贫困并不会终结，相对贫困已经成为实施乡村振兴战略、迈向共同富裕要面对的贫困主类型，有效缓解相对贫困问题将成为"后扶贫时代"贫困治理的重点。为此，政府必须要加快促进国家贫困治理战略调整，将相对贫困治理纳入乡村振兴框架下推进，有效应对处于贫困线边缘的低收入人口产生的"挤压效应"，着力解决边缘贫困人口的多维贫困问题，使施政价值导向趋于更加注重普惠均等。政府必须在防止松劲懈怠、精力转移的同时进一步加大巩固脱贫的政策力度，确保工作重点不变、投入力度不减、干部精力不散。政府必须继续聚焦和拓展"两不愁三保障"的扶贫开发工作目标，焦点不散、靶心不变，确保不发生规模性返贫。

4.1.1.3 转为加快消除多维贫困

20世纪70年代，森（Sen，1976）最先提出了"多维贫困"的概念，认为贫困不单纯是满足基本需要的收入不足，还表现为在健康、教育、住房、公共服务等诸多方面处于困境。可见，多维贫困是对收入贫困的发展，进一步丰富、拓展和深化了贫困的内涵。也就是说，贫困不只是经济和物质层面的收入低微，贫困应该是一个建立在多种学科视角、多元理论范畴、多维分析领域的复杂概念和理论范畴。总体来看，当前学术研究和政府部门对贫困的关注早已超越物质、收入与经济层面的界定和识别，而深化和拓展到人的可行能力培育、人力资本投资、增权赋权与参与式发展、社会资本与社会融入、阻断贫困代际传递、破除贫困文化陷阱等的政治、社会和人文等视角。

所罗门（Solomon，1976）提出了赋权理论，又称为增权理论。该理论认为，贫困群体因为缺乏生活能力、表达能力、合作能力等能力，因此处于比较弱势的状态。要促进贫困群体情况的改善，国家就应当在社会方面、政治方面、心理方面等多个方面，给贫困群体赋予权利，从而带给他们参与社会互动的信心和能力。具体来说，社会层面的赋权，就是要通过社会的共同努力、多元化的手段和办法，让贫困群体更好地融入社会，获得社会性力量；心理层面的赋权，就是要让贫困群体在个人层面表现出自信和向上的精神风貌；政治层面的赋权，就是要强化保障包括言论、行动在内的贫困群体的切身政治权利和利益。马克斯·韦伯（Max Weber，1921）提出了社会资源贫困理论，认为正是财富、收入、权利、声望、教育等社会资源的分配不公或不均衡造成了贫困和不平等。因此，解决贫困问题的重要措施就是要为贫困群体提供充足的社会资源，积极引导社会各方面资源向贫困地区聚集。缪尔达尔（Myrdal，1968）认为，收入分配的不平等、农业土地经营方式的粗放、生育率和人口的持续增长、对教育的漠视以及权力的腐败和社会法制的不健全是发展中国家共同的致贫原因。他主张从制度、土地、教育等方面进行改革，以摆脱贫困、实现发展。迪帕·纳拉扬（Deepa Narayan，2001）认为，社会地位、地理位置等是造成贫困的核心因素，应当建立一种能让穷人感受到爱、尊敬、关心、诚实、公平和帮助的新型伙伴关系。

从湖南省当前的情况来看，在全面推进乡村振兴战略背景下，观察与分析湖南省贫困现象的主导视角应从较单一的收入贫困转向涉及面更广的多维贫困。这种多维贫困更多表现出一种"发展型贫困"的特征。其内在机理是，根据马斯洛的需求层次理论，随着生活的改善，脱贫群众的需求也将从最低层次的生理需求向更高层次的其他需求逐级提升。因此，在脱贫攻坚和乡村振兴两大战略的五年衔接过渡期，在反贫困理论研究和实践工作中，我们要更加关注脱贫人口的发展类需求，而非生存类需求。也就是说，非收入贫困应当受到更高程度的关注，消除多维贫困也应当成为未来全面推进乡村振兴战略中反贫困的主攻方向。

4.1.2　贫困治理模式发生变革

反贫困具有鲜明的治理意蕴（潘文轩，2021）。在脱贫攻坚和乡村振兴两大战略衔接过渡期，随着上述贫困性质和特点的转变，相应的贫困治理的模式势必要进行变革。我国需要在总结和完善脱贫攻坚政策经验的基础上，对标乡村振兴战略的总要求，重塑与完善贫困治理方式，使其在乡村振兴的战略框架下继续发挥作用。从整体来看，与脱贫攻坚时期贫困治理模式和特征相比较，乡村振兴阶段贫困治理模式的变革包括以下两个方面的内容：

4.1.2.1　从超常规集中动员脱贫攻坚转变为常态化制度性贫困治理

脱贫攻坚作为一项宏大而系统的国家战略，在多年的实施过程中，各地均将其作为民生建设领域的中心任务来抓。高规格配置、全社会动员、大力度投入、高强度作业以及自上而下形成的严格的考核和问责机制等，构成了其鲜明的"超常规"特征。通过多年的超常规动员、集中作战和接力攻坚，脱贫成就和政策成效举世瞩目，彰显出了中国特色社会主义制度和新型举国体制的强大政治动员优势。同时，这种集中作战的动员机制也带有明显的运动式、权宜性和临时性。这就存在着一个运动式的贫困治理模式的可持续性问题。因此，脱贫攻坚有效衔接乡村振兴战略后，要缓解相对贫困并接续推进乡村的全面振兴，就必须在战略的设计和实施理念上，由集中作战向常态推进转变，走内生型乡村振兴之路。我国要对原有的综合帮扶政策体系通过优化、调整和升级，使其趋向更能激发内生活力、更能增强内生动力，并且也同时更具常态性、更具制度化以及更具可持续性。我们必须认识到，从超常规集中动员脱贫攻坚转变为常态化制度性贫困治理，这种政策的调整和走向，既是由全面推进乡村振兴战略本身所具有的复杂性、动态性、系统性和长期性等特征决定的，也是由超常规的资源汇聚和投入使得各方力量难以为继的客观现实决定的。

4.1.2.2 从外源性的帮扶减贫转变为激发内源式的自主脱贫致富

习近平总书记反复强调，脱贫致富贵在立志，这就道明了内源式脱贫与发展的本质内涵。两大战略衔接交会后，我们要在乡村振兴战略的政策框架下有力缓解层次更深、情况更复杂的相对贫困问题，就必须使贫困治理模式由原来外援性脱贫加快转变为依靠脱贫地区和脱贫群众的内源性脱贫。内源性脱贫旨在强调脱贫致富不是通过外力介入简单地改善贫困和落后地区的基础设施与村容村貌，不是单纯地给贫困人口送物送钱送粮去"输血"，而是要努力激发贫困地区的内生动力，提升困难群体的人力资本质量，增强其自我发展的"造血"能力，将外力与内力、"输血"与"造血"结合起来形成合力，将扶贫与扶智扶志结合起来形成内源动力，切实使贫困群众在思想上真正变"要我脱贫"为"我要脱贫"，增强其主体意识与致富奔小康的信心和能力。这一帮扶模式的调整取向，应当在理论层面关注两大问题：一是"增进型扶贫"，即两大战略衔接过渡后的"后扶贫时代"不仅要注意继续从物质层面改善落后地区和困难群众的生产生活条件，更要注意低收入群体和边缘贫困人口在精神上、文化上和伦理上的帮扶需求。从理论上说，我们不仅要重视区域发展障碍型贫困，还要更加重视结构型贫困，即所谓的个人的可行能力不足造成的贫困。二是"社会网络扶贫"，即帮扶模式的调整和走向要能够使得个体与社会网络建立起一种紧密的相互联系、相互扶助和相互合作的关联机制，要能够更加有利于增加困难群体获得社会交往的资本，让其能够更好地融入社会，更有效地获得社会资本。

4.2 乡村发展的新目标与新任务

4.2.1 乡村发展的目标改变

随着脱贫攻坚战的全面胜利、贫困治理方略的转向、"三农"工作重心的转移，乡村振兴战略背景下农村发展的目标显然已发生改变，不再是兜底式的扶贫攻坚，而是要在接续推进乡村全面振兴的征程中加快实现农业农村现代化。与以往的鲜明不同之处是，作为"十四五"起步之年的第一份中央一号文件，2021年的中央一号文件主题明确聚焦为"全面推进乡村振兴"和"加快农业农村现代化"。这也在实质上证明了乡村振兴与农业农村现代化之间的逻辑关系。从根本上看，巩固拓展脱贫攻坚成果，接续推进乡村全面振兴，其最终的政治目标都是加快实现农业农村现代化，最终都统一于国家现代化的战略要求和实现中华民族伟大复兴的战略全局。具体来说，目标如下：

其一，实现农业现代化。农业现代化的本质在于最终实现由农业大国向农业强国的跨越和转变。其具体目标包括：促进产业融合，发展农村新业态，培育好新型农业经营主体，着力提升农村大众创业万众创新能力、农产品供给保障能力、农业种质资源开发能力、耕地保护利用能力、现代农业科技能力、农业绿色发展能力，等等。

其二，实现农村现代化。农村现代化的真实内涵在于基于乡村自身的价值和功能，重新建构和维持乡村在现代化进程中的主体性，并且要实现农村面貌的改善、治理的现代化以及新的发展。当前，这方面具体的目标主要是大力实施乡村建设行动，推进村庄的规划和布局，推进县域内城乡融合发展，提高农村的整体消费水平，通过深化农村综合改革激发农村发展活力，加强党的农村基层组织建设，提高乡村治理的能力和水平，持续推进农村精神文明建设，等等。

其三，实现农民现代化。农民现代化的根本意义在于广大农民群众基于提升和发展自身的现实需要与能力，在现代化的社会进程中，能够主观能动地构建和革新自我的生存与生活的状态，是一种追寻自我的主体价值和意义过程的社会实践活动。当前，无论是政府部门还是学术研究院所，对农村现代化和农业现代化的讨论都比较充分，强调要坚持农业现代化与农村现代化一体设计、一并推进，但是对农民现代化的讨论则整体比较薄弱和模糊。本书就农业农村现代化背景下实现农民现代化的目标稍进行以下详细论述。

人的现代化比物的现代化具有更深层次的影响力和决定性。本书所谓农民现代化，是要强调在农业农村现代化进程中尊重农民的主体地位、培养农民的现代意识和公民意识具有非常重要的意义，这理应成为农业农村现代化的重要目标之一。我国要开启全面建设社会主义现代化国家新征程，推动农业农村的高质量发展，就必须把农民现代化放在整个现代化的首位。这是因为社会现代化的一个基本前提是必须重视人的现代化，从农业农村发展的客观规律来说，农民不仅是农业生产的主体，还应当是农业农村现代化的主体。基于这个层面，我国要实现农业农村现代化，很关键一点就是必须要实现农民现代化，要让全体农民平等参与现代化进程、共同分享现代化成果，这是以人为本实现乡村全面振兴的核心要义和核心维度，这也是坚持以人民为中心的发展思想的内在要求和本质要求。这就要求政策的基本导向和目标应当是以让广大农民过上更加美好的生活为最终目标，促进农民收入持续增长，提高农民消费水平和生活水平，培养新农民以促进人的现代化，培育农民的内生发展能力，提高农村人口的自我发展和创造财富的能力，提升农村年轻一代人力资本。这是农村减贫治理、阻断贫困代际传递、实现脱贫振兴的关键所在。因此，乡村投入资源要更多地转向教育，在完善农村义务教育的基础上，加强农民职业教育，创造更多更好的就业创业发展机会，等等。

4.2.2 乡村发展的任务改变

脱贫攻坚取得全面胜利后，从当前乡村发展的主要任务来看，"十四五"时期，脱贫攻坚与乡村振兴有效衔接的首要任务应当是建立健全防止返贫长效机制、脱贫攻坚成果巩固拓展、乡村振兴战略全面推进。

4.2.2.1 建立健全防止返贫长效机制

随着"两不愁三保障"问题的全部解决，中国已经历史性地消除了绝对贫困现象，但这并不意味着反贫困的终结，多维贫困、相对贫困还会长期存在，返贫的压力和风险仍然存在。更重要的是，原来脱贫攻坚所聚焦的那些贫困县、贫困村和贫困人口都是贫中之贫、困中之困，稳定脱贫、防止返贫并逐步致富的压力依然很大。这就在客观上要求 2020 年后中国的减贫治理必须由超常规攻坚向常规化治理转变，由"扶贫"向"防贫"转变，由治理绝对贫困向解决相对贫困转变。在这一过程中，我国必须牢牢守住不发生规模性返贫的底线，继续攻坚克难、凝心聚力，加快建立健全防止返贫的长效机制。具体来说，变化了的任务包括通过开展精准的预警普查，重点聚焦兜底贫困人口、边缘贫困人口和新出现的相对贫困群体，既要保持脱贫攻坚政策的总体稳定，

"扶上马送一程"，又要加快建立脱贫户返贫、边缘户防贫预警监测和动态调整机制，提前采取针对性预防措施，及时将返贫和致贫人口纳入帮扶对象行列，不能等返贫了再补救，确保所有脱贫人口都能切实享受到帮扶。

4.2.2.2 脱贫攻坚成果巩固拓展

实现巩固拓展脱贫攻坚成果与乡村振兴有效衔接是党的十九届五中全会作出的重大战略部署。事实上，针对刚刚脱贫的地区和人口，当前发展任务仍然是做好巩固、拓展和提升脱贫攻坚成果与质量的基础性工作。特别是应当把巩固脱贫、防止返贫作为未来一个时期"三农"工作关注的主要着力点和核心目标任务，摆在首要位置和更加突出的重要位置来抓。客观地讲，只有脱贫成果切实巩固了、拓展了，脱贫地区衔接和发力推进乡村全面振兴才有可能性。从这个意义上看，巩固和拓展脱贫成果均是衔接乡村振兴的手段，是两大战略衔接过渡期的首要任务。

一是脱贫攻坚时期确定的帮扶标准和脱贫标准应当有新的调整与拓展。通过多年的脱贫攻坚战，所有的建档立卡贫困户全部脱贫，"两不愁三保障"的精准扶贫政策目标也已经全面实现。但是，这个扶贫标准只是初步达到了全面建成小康社会的要求，立足党的百年历史新起点，要实现乡村全面振兴和农业农村现代化，"十四五"时期的减贫政策就应当适当提高脱贫地区低收入群体的帮扶标准和帮扶质量。此外，一些脱贫地区过去之所以会发生较为普遍的贫困，其原因还在于基础设施、资源禀赋、经济社会发展、教育医疗条件等长期比较落后。因此，一些刚刚脱贫的地区要接续巩固、拓展和提升脱贫攻坚成果，仍然需要继续强化在公共服务和基础设施等方面的政策供给；同时，还应该注意发挥好社会救助和社会保障体系的兜底功能，谨防由于自然风险、社会风险、市场风险等因素的影响，可能会出现的规模性返贫以及可能还会发生的新的贫困。

二是脱贫攻坚的很多制度化的政策帮扶措施与实施机制要有新的调整、拓展和完善。精准扶贫、精准脱贫与脱贫攻坚时期的一些帮扶措施及其实施机制具有明显的攻坚性和突击性等特征，这是由于脱贫攻坚是规定期限内必须要完成和兑现的政治任务与政治承诺，因此需要强动员、高投入、运动作战、突击完成。这样一来，那些帮扶措施就可能会导致政策的"悬崖效应"在贫困户与非贫困户、贫困地区与非贫困地区之间客观存在，并且也使得原有帮扶政策的可复制性、可推广性严重不足。为此，"后扶贫时期"必须要拓展帮扶政策的包容性，通过对脱贫攻坚时期政策措施与制度化安排进行系统性调整和升级，变政策"悬崖效应"为"缓坡效应"。例如，我国应进一步完善精准扶贫中社会保障兜底的政策安排，将农村的边缘贫困人口和低收入人口也纳入帮扶范围之内；优化和调整脱贫攻坚所形成的驻村帮扶制度、严格的责任制度、帮扶工作机制和全社会动员机制，等等。

4.2.2.3 乡村振兴战略全面推进

推动脱贫攻坚政策举措和工作体系逐步向乡村振兴平稳过渡，衔接并全面推进乡村振兴战略的实施，是未来很长一段时间"三农"工作的重要任务，同时也是"三农"工作重心的历史性转移。

从推进的时间维度来分析，我们可以将乡村振兴战略任务分为五年衔接过渡期之内和五年衔接过渡期之外两大阶段。五年衔接过渡期之内的主要任务是巩固、拓展和提升脱贫攻坚的成果和质量，并实现与乡村振兴的无缝衔接。具体来说，这些任务包括抓紧出台促进脱贫攻坚各项政策措施分类优化调整的具体实施办法；健全防止脱贫人口返贫的动态监测和预警机制，防止发生规模性返贫；接续推进脱贫地区乡村振兴，并不断加强对农村低收入人口的常态化帮扶。五年衔接过渡期之外，根据乡村振兴的"三步走"战略安排，目前第一步任务基本完成，第二步已开始迈出，第三步要到 2050 年才能全面实现。

另外，我们还可以从两大战略衔接过渡之后的宏观部署和任务安排来分析未来全面推进乡村振兴的具体任务。我们要认真领会习近平总书记关于乡村振兴的重要论述及其他相关纲领性政策文件，准确把握党的十九届五中全会和2021 年中央农村工作会议关于全面推动乡村振兴的重大部署与精神实质。我们可以发现，接续推进乡村全面振兴，必须要落实的具体任务如下：在产业兴旺方面，我国要让农村百业兴旺，要让农村富裕起来，要让农民获得实实在在的收益；在乡风文明方面，我国要通过精神文明建设和思想道德建设以及社会主义核心价值观的弘扬等政策举措，实现文明乡风、良好家风与淳朴民风的良性互动；在生态宜居方面，我国要推进农业面源污染防治，加强农村生态环境的治理和修复；在治理有效方面，我国要构建和改进党组织领导的乡村治理体系，创新治理方式、提高善治水平；在生活富裕方面，我国要通过实施乡村建设行动，全面提升农村的基本公共服务水平和升级农村公共基础设施建设，有效推动以县域为切入点的城乡融合发展，促进农业人口市民化，推动农村改革取得新突破，激发农村资源要素活力等。

4.3 乡村发展面临的国内外新形势

从脱贫攻坚与乡村振兴有效衔接的视野来看，当前，农村全面脱贫与小康社会的建成已成为乡村发展的新起点，乡村发展的国内环境和条件发生了很大变化。与此同时，国际环境也异常复杂、波诡云谲，正经历百年未有之大变局。我国必须通过两大战略的有效衔接，推进乡村全面振兴，练好内功、夯实基础，构建"双循环"新发展格局，发挥"三农"压舱石的作用，积极应对全球化的挑战。

4.3.1 国内发展环境的变化

4.3.1.1 国内发展环境的正向变化

脱贫攻坚具有明显的溢出效应，即两大战略的有效衔接，并在此基础上接续推进乡村全面振兴。良好的国内发展环境主要表现为乡村发展环境已经形成，具体体现在以下三个方面：

首先，脱贫人口生存与发展的基本保障得到了有效提升。在精准扶贫、精准脱贫与脱贫攻坚阶段，国家在健康、养老、教育、医疗和住房安全等方面政策性地向贫困人口倾斜，并实行全覆盖。当前，农村贫困地区和贫困人口全部脱贫，贫困地区的整体面貌发生显著变化，贫困群众的生活水平明显提高。这显然有利于脱贫攻坚与乡村振兴有效衔接。

其次，脱贫地区基础设施条件和公共服务水平的软硬件环境得到了大幅度改善。在脱贫攻坚阶段，国家通过精准扶贫政策，极大改善了贫困地区的基础设施条件，为其后续经济社会发展奠定了基础。与此同时，国家不断加强贫困地区基本公共服务建设。多年的脱贫攻坚促使贫困地区用水、用电、通信、通路等诸多困难问题得到历史性解决，贫困地区人口的生产和生活环境明显改善，呈现出一片欣欣向荣的美好景象。同时，贫困地区的义务教育、医疗卫生、社会保障等公共服务全面发力，上学难、看病难、看病贵等长期困扰贫困群体的恶性顽疾被彻底根除。

最后，有助于激发脱贫群众发展致富内生动力的社会环境加快形成。在精准扶贫、精准脱贫与脱贫攻坚阶段，在实现"两不愁三保障"的基础上，随着农村基础设施和公共服务水平不断提升，教育扶贫和扶志扶智不断深入，贫困群众脱贫奔小康的信心也越来越坚定，精气神也越来越充沛，掌握技能、自立自强、逐步致富的主观能动性也越来越强烈，切实发生了从内而外的深刻改变。此外，脱贫地区的精神文化建设也取得了累累硕果，文明乡风得到了进一步的培育和弘扬，乡村文化振兴指日可待。总之，有助于脱贫人口自力更生、自我发展的良好的社会环境加快形成。

4.3.1.2 国内发展环境的负向变化

我们还需要正视的是，在上述发展环境正向变化的同时，还存在着发展环境的负向变化。首先，最明显的就是城乡二元分化仍然比较严重，城乡经济发展极不平衡。从湖南省城乡居民的人均可支配收入水平角度来考察（见图 4-1），以 2022 年为例，2022 年湖南省城镇居民人均可支配收入为 47 301 元，远高于农村居民人均可支配收入（19 546 元），差值为 27 755 元，比 2016 年两者的差值（19 354 元）多 8 401 元。总体来说，经济收入的城乡差别绝对数越来越大。从国外乡村发展的经验教训来看，城乡二元分化必然导致城乡两极分化，最终使得农村日益衰败并停滞发展，甚至严重阻碍整体经济发展。因此，"乡村兴则国家兴，乡村衰则国家衰"，我国大国小农的基本国情以及当前城乡差距不断拉大的二元分化趋势，共同决定了脱贫攻坚衔接乡村振兴的必然性，决定了实施乡村振兴战略是实现全体人民共同富裕的必然选择。

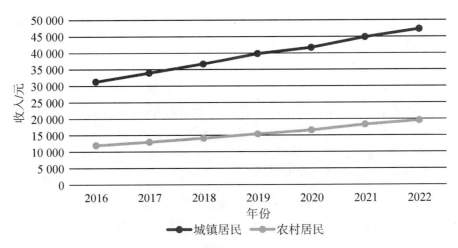

图 4-1　2016—2022 年湖南省城乡居民人均可支配收入的情况

数据来源：2017—2022 年湖南省统计年鉴及 2022 年湖南省国民经济和社会发展统计公报

其次，乡土社会内部面临着剧烈的分化和变迁。当前，脱贫攻坚任务完成以后，在全面乡村振兴战略的实施过程中，农村地区的分化、农户的分化、农民个人生命周期的分化是乡土社会普遍存在的现状。从现实情况来看，我国已形成了三种农村：沿海农村、具有区位条件或旅游资源的农村、占全国农村70%以上的农业型农村。与此同时，农业型村庄的农户也分化形成了举家进城的农户、全家留村的农户、占一般农业型村庄70%左右的"以代际分工为基础的半工半耕"农户。农民个体不同生命周期则表现出年轻时进城谋求城市就业和收入，年长年老时或进城失败时就思虑返乡的不同逻辑。毫无疑问，这种城乡发展不均衡，农村、农户、农民个人生命周期所存在的剧烈分化和巨大差异，是当前实施乡村振兴战略的基本背景。

最后，改革开放40多年来我国农村的社会结构也发生了分化和变迁，在快速城镇化和工业化背景下已经形成了"以代际分工为基础的半工半耕户""中坚农民""老人农业"的农村社会结构。显然，这是准确理解和实施乡村振兴的基本前提。当前，我国绝大多数农村地区都形成了"老人农业+中坚农民"的结构，它是一个建立在集体经济和集体土地制度的基础上，与农村熟人社会机制相关联，保持农村生产生活秩序的稳定结构。在快速城市化的背景下，农民进城是必然的趋势，青壮年农民进城后的农村农户大都形成了"以代际分工为基础的半工半耕家计模式"，而且在这个过程中，大量农民进城就有可能改变农村人多地少、资源紧张的格局，就有可能形成农业适度规模经营，发展出仅靠农业收入就可以维持体面生活的"中坚农民"。这些"中坚农民"主要是由在城市化中那些不愿意或无法离村的中青年农民构成，虽然在农村中占比不高，但是作用很大，他们成为村干部的主要来源。"中坚农民"是从农村土生土长出来的，对农村有感情，同时也有顽强的生命力，是乡村振兴的可靠力量。

4.3.2 国际发展环境的变化

从我国经济社会发展的国际外部环境来审视，习近平总书记在多个重要场合反复强调指出，当今世界正经历百年未有之大变局。大变局往往孕育着大挑战，而又因为受世界经济低迷徘徊、新冠病毒感染疫情全球蔓延等因素的影响，更使得这个大变局加速变化，国际政治、经济等格局发生深刻调整，世界进入动荡变革期。此外，个别西方国家视中国为战略竞争对手，对中国进行全面遏制打压，不断挑起贸易摩擦，我国发展的外部环境不稳定性、不确定性明显增加（王一鸣，2021）。

那么，在上述这种国际形势发生深刻复杂变化、国际环境的不确定性与日俱增等的国际背景和外部环境因素影响下，我们如何应对这一外部挑战和风险输入呢？习近平总书记指出，"关键在于办好自己的事"。守好"三农"基础是应变局、稳大局的"压舱石"，我国必须驰而不息重农强农。2021年中央农村工作会议提出，要坚持用大历史观来看待农业、农村、农民问题，打赢脱贫攻坚战后，要巩固拓展脱贫攻坚成果与乡村振兴有效衔接，并在此基础上，举全党全社会之力推动乡村全面振兴，加快实现农业农村现代化。这就从世界百年未有之大变局和构建新发展格局等全新视角，对接续推进乡村全面振兴进行了战略定位。

5 湖南省巩固脱贫攻坚成果
与乡村振兴的衔接现状

5.1 湖南省脱贫攻坚成果

湖南省是"精准扶贫"的首创地,脱贫攻坚取得了一些瞩目的成就。到2020年年底,湖南省477.6万农村建档立卡贫困人口全部脱贫,6 920个贫困村全部出列,51个贫困县(含11个省级贫困县)全部摘帽,集中攻克了11个深度贫困县堡垒,武陵山、罗霄山两大连片特困地区整体脱贫,连续三年获评全国脱贫成效考核"综合评价好"省份(见表5-1和表5-2)。同时,湖南省根据精准扶贫的顶层设计,探索并形成了一系列可复制推广的"湖南脱贫模式",主要体现在产业扶贫、就业扶贫、消费扶贫、社会扶贫与金融扶贫等方式上。湖南省在产业扶贫方面,开创了"四跟四走""四带四推"模式;在就业扶贫方面,打造了"1143""113"模式;在消费扶贫方面,形成了"五建五销"模式;在社会扶贫方面,采取了"互联网+"模式;在金融扶贫方面,实行"一授二免三优惠一防控"信贷模式,这些模式对脱贫工作起到了重要的推动作用(见表5-3)。

表5-1 "十四五"时期湖南省脱贫进程

年份	建档立卡贫困人口脱贫人数/万人	建档立卡贫困村出列数/个	贫困县摘帽数/个
2016	125.3	1 016	2
2017	138.5	2 695	12

表5-1(续)

年份	建档立卡贫困人口 脱贫人数/万人	建档立卡贫困村 出列数/个	贫困县摘帽数 /个
2018	130.9	2 491	17
2019	62.8	718	20
2020	20.1	0	0
合计	477.6	6 920	51

数据来源：湖南省乡村振兴局。

表5-2 湖南省脱贫摘帽县（市、区）名单一览表

市（州）	脱贫摘帽县（市、区）名单
衡阳市	祁东县
株洲市	炎陵县、茶陵县
邵阳市	新邵县、隆回县、洞口县、绥宁县、城步苗族自治县、武冈市、新宁县、邵阳县
岳阳市	平江县
常德市	石门县
张家界市	永定区、武陵源区、慈利县、桑植县
益阳市	安化县
郴州市	宜章县、汝城县、桂东县、安仁县
永州市	双牌县、江永县、江华瑶族自治县、宁远县、新田县
怀化市	沅陵县、辰溪县、溆浦县、麻阳苗族自治县、新晃侗族自治县、芷江侗族自治县、鹤城区、中方县、洪江市、洪江区、会同县、靖州苗族侗族自治县、通道侗族自治县
娄底市	涟源市、双峰县、新化县
湘西州	吉首市、泸溪县、凤凰县、古丈县、花垣县、保靖县、永顺县、龙山县

资料来源：湖南省乡村振兴局。

表 5-3 　湖南省脱贫模式

扶贫方式	脱贫模式	含义
产业扶贫	"四根四走"	资金跟穷人走,穷人跟能人走,能人跟产业项目走,产业项目跟市场走
	"四带四推"	优势产业带动扶贫产业,新型主体带动贫困群体,市场机制带动发展机制,组织作为带动农户有为
就业扶贫	"1143"	建好 1 套机制,强化就业扶贫工作组织保障;筑牢 1 个平台,夯实就业扶贫工作信息化基础;紧扣 4 个关键环节,保障就业扶贫工作落实落细;建立 3 个清单,作为工作推进的强力抓手
	"311"	有就业意愿且未就业的贫困劳动力提供 3 次岗位、1 次职业指导、1 次免费技能培训
消费扶贫	"五建五销"	搭建公共服务平台,线上销;组建消费扶贫联盟,带动销;创建消费示范中心,集中销;兴建"三专"消费载体,平台销;构建新闻媒体矩阵,引流销
社会扶贫	"互联网+"	建立"互联网+社会扶贫"五级运行体系
金融扶贫	"一授二免三优惠一防控"	建档立卡贫困农户评级授信系统,小额贷款免抵押、免担保,贷款利率、期限、贴息优惠,设立风险补偿初始基金,防范金融风险

资料来源:湖南省乡村振兴局。

5.1.1 农民收入增长成果

自"精准扶贫"提出以来,湖南武陵山片区农村经济发展迅猛,农村面貌变化大,农村居民人均可支配收入增长总体上呈不断上升趋势,但增幅趋缓。根据《湖南省统计年鉴》和《中国统计年鉴》,2013—2020 年湖南省农村居民人均可支配收入增量为 7 556 元,2020 年达到 16 585 元,增长率为83.69%,相比于全国平均增量 8 235 元略低,增幅趋缓。从图 5-1 和图 5-2 可以看出,2013—2020 年湖南省农村居民人均可支配收入增量最高的 3 个地区为长沙市、株洲市、湘潭市,增量分别为 15 041 元、10 332 元、9 963 元,集中在长株潭地区;增量最低的 3 个地区为张家界市、湘西州、怀化市,增量分别为 5 869.15 元、5 982.01 元、6 141.27 元,集中在大湘西地区。长株潭地区2013—2020 年农村居民人均可支配收入增量为 13 021 元,湘南地区、大湘西地区、环洞庭湖地区 2013—2020 年农村居民人均可支配收入增量分别为 8 147

元、6 562 元、8 385 元。大湘西地区虽然农村居民人均可支配收入增量最低，但其增速快于其他三个地区，发展潜力大。这一方面跟基数数值较低有关，另一方面则是政府重视深度贫困地区脱贫工作。

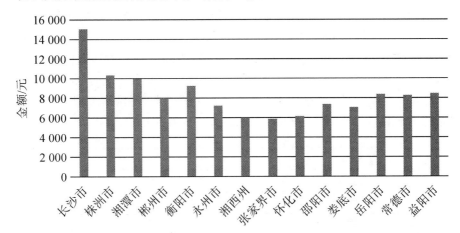

图 5-1　2013—2020 年湖南省各市（州）农村居民人均可支配收入增量

数据来源：根据 2014—2021 年湖南省各市州统计年鉴计算整理。

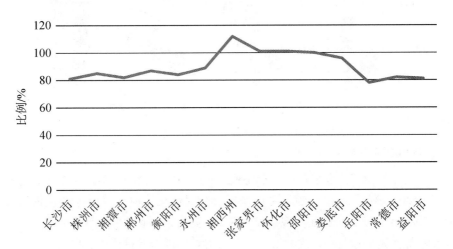

图 5-2　2013—2020 年湖南省各市（州）农村居民人均可支配收入增长率

数据来源：根据 2014—2021 年湖南省各市州统计年鉴计算整理。

5.1.2　产业发展成果

湖南省产业发展成果中第三产业增速最快，发展最好，在乡村振兴发展中主要体现在文旅融合发展状态良好。与全国相比，湖南省第一产业发展滞后。

在湖南省四大区域中,长株潭地区总体产业发展成果最好。从图5-3可以得知,2020年湖南省第一产业产值、第二产业产值、第三产业产值分别为4 240亿元、15 938亿元、21 603亿元,产业结构比为10.15∶38.15∶51.70(国家产业结构比为7.7∶37.8∶54.5),湖南省第一产业发展相对落后。2020年湖南省三次产业的贡献率分别为8.1%、53.9%和38%,2013—2020年三次产业的增量分别为1 651亿元、5 024亿元、11 561亿元。湖南省四大区域产业发展成果中,环洞庭湖地区第一产业增量最高,为434亿元;湘南地区与大湘西地区增量分别排第三位和第二位;长株潭地区第二产业和第三产业增量最高,其他三个地区第三产业的发展增量较为一致,差别不大。

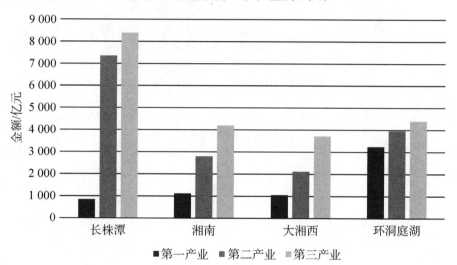

图5-3 2020年湖南省四大区域三次产业产值

数据来源:根据2021年湖南省统计年鉴计算整理。

在湖南省第三产业发展中,旅游业的贡献最大。湖南省实现文旅融合并打造了美丽张家界、神秘湘西、文化凤凰、胜利怀化、神奇崀山等特色旅游品牌。2020年湖南省旅游业实现总收入8 262亿元,占地区生产总值的20.78%。在乡村振兴发展过程中,农村文化产业发展可以助力乡村快速振兴。

(1)农村文化产业支撑产业兴旺。产业兴旺是乡村振兴的重点,农村产业是以农业为基础的,农村文化产业则是利用了农村特有的自然生态资源及乡土文化资源,具有乡土性特征。农村文化产业通过与工业、服务业结合实现三次产业融合发展。农业通过与文化的融合增加了农业附加值,带动了就业,从而调整农业的生产方式,促进农村产业的转型升级,不仅可以实现农业提效增质,还能培育出新的经济增长点。这有利于农村可持续发展,并最终实现产业兴旺这一目标。

（2）农村文化产业促进生态宜居。农村发展其他产业都需要有良好的基础设施作为支撑。以"文化+旅游"为例，农村文化旅游产业需要良好的自然生态环境及优美的农村环境，这与生态宜居的要求不谋而合。改善好农村人居环境、保护好乡村生态，是发展农村文化旅游产业的基础。农村文化旅游产业也促进了农业向绿色生产和产业化模式发展。2019 年，中共中央、国务院印发《中共中央 国务院关于坚持农业农村优先发展做好"三农"工作的若干意见》，明确提出要将农村人居环境整治和发展乡村休闲旅游等有机结合。

（3）农村文化产业推进乡风文明。《乡村振兴战略规划（2018—2022）》提出了发展乡村特色文化产业，要求要培育本土文化人才、建设农耕文化产业展示区、打造特色文化产业乡镇和村、实施传统工艺振兴、积极开发传统节日。农村文化产业是对农村优秀的文化进行开发而形成的，在提升农村思想道德水平和培育社会主义核心价值观方面具有重要作用。发展农村文化产业既有利于满足人们日益增长的美好生活需要，也有利于提高农民的精神文化水平，还能帮助农民逐渐形成更加良好的社会氛围，逐步达到乡风文明这一目标，最终助力乡村全面振兴。

（4）农村文化产业助力乡村治理。2019 年，中共中央办公厅、国务院办公厅印发《关于加强和改进乡村治理的指导意见》，提出要培育乡村特色文化产业，加强农村文化引领和基层文化产品供给、文化阵地建设、文化活动开展和文化人才培养。现阶段，农村文化产业的发展主要是要求地方党政干部的规划和引导，这既有利于提升党政干部的治理水平，也有利于加强农村基层党组织对乡村振兴的全面领导。农村文化产业的发展能提高农民的文化水平，从而使农民加强自我管理和参与管理，推进乡村基层政权建设。

（5）农村文化产业实现生活富裕。生活富裕是乡村振兴战略的出发点和落脚点。生活富裕目标一是要实现物质生活的富裕，二是要实现精神生活的富裕。农村文化产业本身就能吸纳部分村民就业，也能通过延长产业链增加就业岗位。农村文化产业所能创造的价值远高于农业生产所能带来的价值，因此可以提高村民收入，使村民实现物质生活上的富裕。农村文化产业还能丰富文化生活、提供文化产品，从而使村民实现精神上的富裕。

5.1.3 "三保障"方面的成果

在"两不愁三保障"方面，根据湖南省乡村振兴局发布的《湖南省"十四五"巩固拓展脱贫攻坚成果同乡村振兴有效衔接规划》，我们可以得知，

2013—2020 年，湖南省通过易地扶贫搬迁 69.4 万人，其中 11.3 万人就地转为生态护林员；教育扶贫贫困家庭子女 79.8 万人；120.3 万户危房改造对象住上了安全房屋；医疗保障实现城乡居民基本医疗保险覆盖所有贫困户，分类救治208.7 万贫困患者，106.5 万脱贫人口纳入低保和特困人员救助供养范围，公共医疗服务实现二甲医院县域全覆盖、卫生室村村全覆盖；义务教育保障方面新增义务教育学位 14.6 万个，建设完成 101 所芙蓉学校；帮助 580 万贫困人口解决饮水安全问题。在贫困地区基础建设方面，所有脱贫县实现半小时内可上高速，所有乡镇通客车，行政村实现村村通硬化路，脱贫村电网升级改造率、光网通达率和网络有效覆盖率达 100%，脱贫县有了特色支柱产业，脱贫地区经济发展后劲突显出来。

5.2　湖南省乡村振兴现状

2021 年 6 月，湖南省发布《中共湖南省委湖南省人民政府关于实现巩固拓展脱贫攻坚成果同乡村振兴有效衔接的实施意见》，提出支持湘西地区和湘赣边区域建设武陵山和罗霄山巩固拓展脱贫攻坚成果与乡村振兴有效衔接先行示范区。2021 年 9 月，《湖南省"十四五"巩固拓展脱贫攻坚成果同乡村振兴有效衔接规划》提出，要扎实做好五年过渡期内领导体制、工作体系、发展规划、政策举措、考核机制等有效衔接。在湖南巩固脱贫攻坚成果与乡村振兴的衔接方面，相关文件已经在顶层设计及宏观层面上提供了指导，具体实践工作逐步跟进。2022 年 3 月，怀化市乡村振兴局发布了《怀化市"十四五"巩固拓展脱贫攻坚成果同乡村振兴有效衔接规划》，主要围绕巩固脱贫攻坚的成果、建立帮扶示范区、乡村振兴的五个方面以及健全完善规划落实机制展开具体工作。

在产业衔接基础方面，湖南省初步形成了以文化生态旅游、农林产品加工、新材料、特色轻工、生物医药、商贸物流等特色产业为支柱的产业发展格局，薄板加工、旅游商品加工、中药材精深加工等一批优势产业发展壮大，产业基础不断巩固；在人才衔接基础方面，湖南省构建了"政府主导+专门机构+多方资源+市场主体"的农民教育培训体系，重点打造 14 个新型职业农民培育教育示范基地，建设一批综合培训基地、田间学校，每年培训新型职业农民 3 万人以上；在文化衔接基础方面，湖南省打造了土家探源、神秘苗乡、古城商道、侗苗风情、生态丹霞、沅澧山水、湘军寻古、神韵梅山、世外桃源、峰林峡谷、武陵民俗等 11 条文化生态旅游精品线路；在生态衔接基础方面，湖南省构建了武陵山、雪峰山"两山"生态涵养带，沅江、资江、澧水"三江"生态保护带；在组织衔接基础方面，湖南省不断优化基层干部结构，扩大乡镇公务员考录规模。

为全面落实"三高四新"战略定位和使命任务，奋力开创农业农村现代化新局面，湖南省注重对标对表稳守脱贫底线，持续巩固拓展脱贫攻坚成果，接续推进脱贫地区乡村振兴，以"守底线、抓发展、促振兴"为重点，加快推进产业、人才、文化、生态、组织等全面振兴，乡村振兴各项工作稳步推进、成效明显。

5.2.1 对标对表稳守脱贫底线，脱贫攻坚成果持续巩固拓展

脱贫摘帽不是终点，而是新生活、新奋斗的起点。打赢脱贫攻坚战、全面建成小康社会后，我们巩固脱贫攻坚成果的任务依然艰巨。习近平总书记指出："要切实做好巩固拓展脱贫攻坚成果同乡村振兴有效衔接各项工作，让脱贫基础更加稳固、成效更可持续。"湖南省按照习近平总书记的指示要求，坚持把两者有效衔接工作摆在头等位置来抓，坚决守住巩固脱贫攻坚成果的底线，不断探索农业大省全面推进乡村振兴的实践路径，取得了较好成效。

5.2.1.1 保持战略定力，自觉扛牢巩固脱贫攻坚成果

政治责任脱贫攻坚全面胜利后，巩固拓展脱贫攻坚成果、全面推进乡村振兴任重道远。湖南省保持战略定力，严格落实"省负总责、市县乡抓落实"的要求，压紧压实省级各部门的政治责任，坚定不移巩固好、拓展好脱贫攻坚成果，着力推进脱贫攻坚与乡村振兴有效衔接。

（1）严格对标对表。湖南省通过召开省委农村工作会、全省有效衔接专题会、省委实施乡村振兴战略领导小组会、全省脱贫攻坚总结表彰大会以及防范脱贫后风险、乡村振兴系统建设、重点帮扶和示范创建、防止返贫监测与帮扶等专题推进会来落实具体任务和具体工作。湖南省在全国率先选派 3.37 万名干部组成 1.28 万支工作队进村到岗，做到脱贫村、易地扶贫搬迁集中安置村（社区）、乡村振兴任务重的村、党组织软弱涣散村等驻村第一书记和工作队全覆盖。湖南省全年分级分类培训乡村振兴干部近 20 万人次，实现对县（市、区）和乡镇新任党政正职、新一届村"两委"班子、乡村振兴系统和驻村工作队全覆盖。

（2）坚持统筹推进。湖南省充分发挥省委农村工作领导小组牵头抓总、统筹协调、督促各方的作用，完善省委实施乡村振兴战略领导小组机构职能，

由省委书记担任组长，省长担任第一副组长，相关分管省领导担任副组长，建立了由党委农办牵头、农业农村部门统筹、乡村振兴部门抓具体工作的运转机制。湖南省将巩固拓展脱贫攻坚成果纳入乡村振兴战略实绩考核，多次开展重点工作明察暗访，涉及14个市（州）的78个县（市、区）。

（3）加大投入力度。2021年，中央财政投入湖南省财政用以衔接推进乡村振兴补助资金64.1亿元，省本级投入51.3亿元，市（县）投入24亿元，均继续保持增长态势。此外，湖南省及时安排1.12亿元资金应对新冠病毒感染疫情影响，对新冠病毒感染疫情较重的张家界市和13个重点帮扶县每市（县）单独支持3 000万元，还筹措1亿元资金用于张家界市、湘西州等地文旅产业纾困解难。湖南省共储备巩固拓展脱贫攻坚成果和乡村振兴项目11.89万个，涉及投资648.1亿元；共摸排登记扶贫项目资产1 332.25亿元，已确权1 332.18亿元，占比为99.99%，并出台有关文件，加强分类后续管护运营；财政衔补资金支出进度达到92.87%。湖南省落实土地出让收入使用范围调整政策。2021年，湖南省土地出让收益计提用于农业农村的资金占比达到30%以上。湖南省出台支持巩固拓展脱贫攻坚成果、全面推进乡村振兴金融政策举措，全省涉农贷款余额为1.64万亿元，同比增长13.9%。

（4）创新工作机制。湖南省不断完善工作落实机制，保障脱贫攻坚成果巩固稳步推进。一是湖南省建立摸底排查、部门筛查、风险防范、精准帮扶"四位一体"防返贫监测帮扶机制，在全国防返贫监测系统基础上，建立全省防返贫监测与帮扶管理平台，扎实开展两轮无遗漏、全覆盖的集中排查整改，把排查、比对、核实、认定等工作环节进一步规范化、常态化。二是湖南省健全省级领导联县、省内对口支援、部门驻村帮扶、干部联系帮扶、社会参与帮扶"五位一体"帮扶体系。三是湖南省建立乡村振兴重点帮扶和示范创建相结合的梯次推进机制。四是湖南省在探索出"首厕过关制"的基础上，开展分类型改厕以及厕所粪污和生活污水同步治理试点，积累了"宜统则统、宜联则联、宜分则分"经验。2021年7月23日，全国农村厕所革命现场会在湖南省衡阳市召开。

5.2.1.2　筑牢底线思维

防止规模性返贫是巩固拓展脱贫攻坚成果与乡村振兴有效衔接的关键节点，必须坚持底线思维，"兜"住最困难群众，"保"住最基本生活，确保脱贫人口真脱贫、不返贫。湖南省坚持把巩固拓展脱贫攻坚成果作为全面推进乡村振兴的首要任务，严格按照"四个不摘"总体要求，及时延续、优化、调整帮扶政策，确保政策连续稳定，对抽查、普查和考核发现的问题及时整改，查缺补漏、动态清零，坚决守住不发生规模性返贫的底线，坚决把来之不易的脱贫攻坚成果巩固好、拓展好，不断筑牢乡村振兴基础。

（1）坚持"应纳尽纳、应帮尽帮"。湖南省将各类可能导致返贫的突发情况纳入监测和帮扶范围，紧抓突发性汛情、阶段性新冠病毒感染疫情等关键节点，通过多批次行业、部门数据比对分析，产生疑似风险预警信息 110.75 万条，通过入户核实，发现存在返贫致贫风险并按程序纳入防止返贫监测对象 6 440 户，共 1.86 万人。湖南省共排查发现受新冠病毒感染疫情影响农户 1.48 万户，共 4.59 万人，其中张家界市 1.25 万户，共 3.4 万人。湖南省通过线上线下累计帮助销售扶贫产品 156.46 亿元，及时解决了 1 480 户因灾住房安全问题。湖南省明确将从出现返贫风险到纳入监测的时长控制在 1 个月以内，杜绝体外循环、应纳未纳。所有脱贫户都有干部结对联系，所有监测户都有干部结对帮扶。湖南省跟进强化"缺什么、补什么"的帮扶措施。截至 2021 年 12 月底，湖南省共有监测对象 13.8 万户，共 32.7 万人，均及时给予针对性帮扶，8.9 万户，共 22.3 万人已消除返贫致贫风险。

（2）持续巩固"两不愁三保障"成果。湖南省坚持"三帮一"劝返复学机制，对全省 79.76 万义务教育阶段经济困难家庭学生实现资助全覆盖，失学、辍学问题动态清零。湖南省合理确定困难群众资助参保政策和农村居民医疗保障水平，夯实分类医疗救助托底保障，对脱贫人口参保情况实行半月一调度，确保脱贫人口和监测对象全员参保。湖南省继续实行脱贫人口县域内定点医疗机构"先诊疗后付费"和"一站式"结算服务，持续做好家庭医生签约服务和 33 种大病专项救治。湖南省将农村住房保障对象由四类扩大到六类，即易返贫致贫户、农村低保户、农村分散供养特困人员、因病因灾因意外事故等刚性支出较大或收入大幅缩减导致基本生活出现严重困难家庭、农村低保边缘户、未享受过农村住房保障政策且依靠自身力量无法解决住房安全问题的其他贫困户。湖南省加强规范建房和质量监管，及时解决 1 480 户因灾住房安全问题，完成农村危房改造 2.8 万户。湖南省全面开展农村饮水安全监测排查，加强集中供水工程养护，解决了 1.66 万人供水不稳定问题。截至 2021 年 12 月底，湖南省"三保障"和饮水安全问题持续动态清零，综合保障了 180.55 万农村低保和特困供养人员。2021 年，湖南省新增发放小额信贷 36.35 亿元，逾期率控制在 1% 以内。

（3）突出产业就业稳增收。产业发展的强弱直接影响农民就业和增收情况的好坏。稳住就业就稳住了农民收入，也就稳住了巩固脱贫成果的主要方面。湖南省因地制宜，积极探索发展特色农业产业，以"六大强农"行动为引领，推动脱贫地区产业融入湖南省百千亿级特色主导产业发展，带动和保障脱贫人口稳定就业创业，以稳定的、不断增长的、可持续的产业确保脱贫人口就业稳中提质。湖南省出台《关于持续推进"六大强农"行动促进乡村产业兴旺的实施意见》等政策文件，协同出台湖南省脱贫地区特色产业可持续发展实施意见，制定"一特两辅"特色产业发展规划，打造"崀山脐橙"等五个片区品牌。51个脱贫县累计创建国家现代农业产业园3个、省级现代农业产业园13个、优质农产品供应基地省级示范片18个，发展省级以上龙头企业330家、农民合作社47 721家。湖南省在脱贫地区新建（续建）4个省级现代农业产业园，打造11个农业特色产业强镇和一批"一村一品"特色产业村。湖南省60%的农产品产地冷藏保鲜设施项目安排在脱贫地区，在30个县实施"互联网+"农产品出村进城示范工程，通过线上线下累计帮助脱贫地区销售农产品126.46亿元。湖南省持续加大脱贫人口稳岗就业力度，继续实施整合资源对接、发展就业载体吸纳、创新创业模式带动、因地制宜就地安置"四个一批"政策。湖南省建立了一套比较完善的劳务协作对接机制，建成就业帮扶车间、帮扶基地等载体7 210个，开发公益性岗位和临时性过渡岗位15.28万个，脱贫人口务工人数达到244.23万人。

（4）加强易地搬迁后续帮扶和管理。在易地搬迁脱贫中，后续帮扶最关键的是能实现稳定就业。湖南省把就业帮扶作为帮助易地搬迁群众搬得出、稳得住、有就业、能致富的重要举措，不断完善后续扶持政策，分类落实帮扶措施。湖南省强化搬迁人口就业和产业帮扶，以大中型集中安置点为重点，开展就业协作帮扶专项活动，推广实施一批投资规模小、技术门槛低、前期工作简单、务工技能要求不高的"以工代赈"项目。湖南省对搬迁户参与度高的特色农林产业项目、搬迁群众自主创办的实体经济项目以及吸纳搬迁户就业的经营主体奖补1.95亿元。截至2021年年底，湖南省易地搬迁有就业意愿的劳动力已就业32.53万人，就业率达到99.82%。湖南省加快推进补短板项目投入使用，进一步完善集中安置区基础设施和公共服务配套设施，累计建成环境卫生设施2 390个、市政公用设施1 029个、公共服务设施1 456个，搬迁群众就学、就医、购物、出行等条件稳步提升。湖南省进一步健全社区组织管理服务架构，优化基层党组织和村民自治组织制度，指导800人以上集中安置社区设立"一站式"服务窗口，为搬迁群众提供户籍、民政、医保、养老、住房等服务事项。湖南省全面完成易地搬迁安置住房不动产登记工作任务，实现不动产权证应发尽发。

（5）突出农村低收入人口帮扶。加强农村低收入人口常态化帮扶是巩固拓展脱贫攻坚成果的重要举措。2021年，湖南省制定农村低收入家庭认定和救助帮扶办法，规范认定程序，健全救助体系，扎实分类帮扶，确保应保尽保。湖南省将提高城乡低保标准、残疾人"两项补贴"、新增"特困人员供养服务床位5 000张"纳入湖南省政府年度重点民生实事。湖南省共兜底保障180.55万农村低保和特困供养人口。农村平均低保标准达到5 228元/年，困难残疾人生活补贴和重度残疾人护理补贴平均达到80.6元/月和74.8元/月。

（6）从严排查整改问题。从严从实排查问题、整改问题，补齐短板弱项，是巩固拓展脱贫攻坚成果的重中之重。2021年，湖南省坚持问题导向，深入开展排查，在全省范围内两次（5~6月和9~10月）集中开展防返贫监测帮扶排查整改行动，有效化解了一批潜在风险矛盾。在2021年11月19日全国乡村振兴局长视频会议后，湖南省迅速以中共中央办公厅督查调研、中纪委专题调研、国务院第八次大督查发现的六类问题为主线，结合省级督查发现的问题，细化梳理成七个方面25项任务交办市（县）及相关省直部门，推动举一反三、全面整改清零。

5.2.2 保持政策稳定，协调部署

湖南省按照有序调整、平稳过渡的原则，加强有效衔接制度设计，保持主要帮扶政策总体稳定，进一步优化细化工作举措，实现政策不留空白、工作不留空当，政策、工作、机构队伍平稳过渡，推动有效衔接落到实处。

5.2.2.1 加强政策衔接

按照"四个不摘"要求，湖南省紧跟国家"1+32"政策优化体系，进一步结合本地实际，及时出台全省有效衔接实施意见，明确行业部门责任分工，科学编制全省"十四五"农业农村现代化规划、有效衔接规划以及湘西地区产业发展规划，做到规划实施和项目建设有效衔接。湖南省建立乡村振兴考核机制，配套制定80余个相关政策文件，并充分研判风险，采取应对举措。例如，湖南省出台了比较合理的医疗保障专项实施方案和分类救助办法，对脱贫人口参保工作半月一调度一通报。

5.2.2.2 加强工作衔接

湖南省根据各地经济社会发展实际和"抓两头、促中间"的思路方法，在全省范围内认定15个重点帮扶县、2 307个重点帮扶村、1个示范创建市、14个示范创建县、2 371个示范创建村，在罗霄山片区打造湘赣边乡村振兴先行示范区，在武陵山片区打造环十八洞村大湘西巩固脱贫成果示范区，相继开

通韶山至井冈山红色旅游专列、张吉怀高铁。湖南省集中选派 3.37 万名干部组成 1.28 万支工作队进村到岗，做到脱贫村、易地搬迁安置村、乡村振兴任务重的村、党组织软弱涣散村全覆盖。同时，湖南省安排省文资委、国资委、工商联以及 10 个经济较发达的市（县、区）对口支援重点帮扶县，累计向被帮扶地区投入直接援助、项目支持和社会帮扶资金 3.9 亿元，支持项目建设 150 多个，引进企业 45 个，实际投资额 5.2 亿元。

5.2.2.3 加强机构队伍衔接

根据中央精神和湖南省委安排，湖南省完成省、市、县三级扶贫机构重组和挂牌运行，2021 年 4 月 30 日挂牌成立湖南省乡村振兴局。2021 年 5 月 25 日，湖南省 14 个市（州）和 122 个县（市、区）乡村振兴局全部挂牌到位。湖南省继续畅通乡村振兴部门重点工作、重要问题快速上报渠道，并将巩固脱贫成果后评估与乡村振兴考核有机结合，建立了由党委农办牵头、乡村振兴部门具体实施的机制。在机构重组和职能调整过程中，干部职工思想稳定，各项工作有序推进，顺利实现平稳转型。

5.2.3 以美丽宜居为着力点，乡村建设行动稳步推进

湖南省始终践行以人民为中心的发展思想，扎实推进美丽宜居乡村建设，抓好分类处置，做好村庄分类，明确工作规范，完善工作流程，审慎、规范、有序地推进乡村建设各项行动。

5.2.3.1 强化先规划后建设

湖南省坚持统一底图底数、规划编制流程、标准制作和规范成图、规划成果入库、技术培训指导，基本完成县级国土空间总体规划编制。湖南省按照五种类型明确村庄规划的时间表、路线图，充分考虑当地的实际情况，合理确定村庄发展规模和功能定位，统筹县域城镇和村庄规划建设，严守耕地、生态红线，注重彰显湖湘文化底蕴、保留乡村特色风貌，确保 2023 年全面完成村庄规划编制。湖南省在长株潭接合部规划建设绿心中央公园，打造生态文明展示区。例如，茶陵县湖口镇梅林村村"两委"及驻村工作队通过入户走访，对梅林村的自然生态环境、基础设施建设、经济社会发展状况进行认真调研，与镇村干部、乡贤以及广大村民充分讨论，制定了村级三年规划，涉及基层组织建设、基础设施建设、乡村产业发展、教育培训帮扶、人居环境整治、乡风文明建设、防返贫监测和帮扶七个方面共计 31 个项目。梅林村被纳入茶陵县第一批村庄规划村。

5.2.3.2 强化人居环境改善

湖南省推进"一市十县百镇"全域美丽乡村建设及示范村创建，累计创

建美丽乡村示范村 6 757 个、省级同心美丽乡村 1 608 个，全省村庄（建制村）绿化覆盖率达 64.2%。2021 年 7 月 23 日，全国农村厕所革命现场会在衡阳召开，胡春华副总理出席会议并做重要讲话，衡阳市落实"首厕过关制"经验获全国推广。湖南省全面开展农村户厕摸排整改，对发现的问题基本整改到位。2021 年，湖南省改（新）建农村公共厕所 1 024 座，完成年度目标任务的102.4%；改（新）建农村户用厕所 76.27 万个。湖南省加强农村生活垃圾和污水治理，新建乡镇垃圾中转站 103 个，拆除农村小型垃圾焚烧设施 231 个；新建乡镇污水处理设施 280 个，全省建制镇污水处理设施覆盖率达到 76%，完成 600 个村的生活污水治理任务。例如，双牌县以创造性开展"百村大比武"为抓手，按照"一廊一带一片"［永连公路乡村振兴精品走廊、207 国道人居环境整治示范带、国际慢城（三分三合）农旅融合示范片］，强力推进全县农村人居环境整治工作。双牌县农村人居环境得到显著改善，建成国家森林乡村七个、省级美丽乡村六个、省级精品乡村一个。2021 年，双牌县成功承办湖南省（春季）乡村文化旅游节。通道县双江镇按照"侗寨景点化，景点侗寨化"的思路，大力实施绿化、美化、田园三大工程，开展植绿护绿，对各村寨内枫树、香樟等名木古树挂牌保护。双江镇致力入眼即成景，规范村寨建房，充分体现自然特色和侗族元素，根据各村实际情况、资源禀赋，实施河道景点化改造、村内溪流治理，鼓励各村建设葡萄、草莓采摘体验园，将池塘改造为休闲垂钓园，将村边田地改造为花卉园和苗木园等。益阳市建立了集物联网、自动化以及全球定位系统（GPS）于一体的环卫物联网智能监控管理系统，并在资阳区开展农村生活垃圾就地分类和资源利用试点，狠抓农村生活垃圾治理。另外，益阳市还在沙头镇探索"三分三减"垃圾分类减量模式，通过"沤一点、埋一点、回收一点"，新挖堆沤池 200 多个。富兴村投放分类垃圾桶 1 200 个，逐户编号，由保洁员上门收集垃圾，倒逼大垃圾收集桶撤出。

5.2.3.3　强化农村基础设施建设

湖南省统筹抓好农村水、电、路、气、电信、广电、物流等基础设施建设和管护，推动公共基础设施向村覆盖、向户延伸，加强农村供水供电保障，继续推进农村危房改造，大力推进数字乡村建设。湖南省新建或改扩建农村供水工程 1 269 处，受益人口 284 万人；完成农村集中供水工程维修养护项目 4 089处，服务农村人口 1 614 万人。湖南省开展农村客货邮融合发展试点，全省通快递村达到 16 388 个，覆盖率达 68.4%。湖南省完成乡镇通三级路 638 千米，建设农村旅游路、资源路和产业路 3 941 千米。湖南省建设农村公路安防设施10 075 千米；农村公路提质改造 4 510 千米；为提升农村通信网络，建成第四代移动通信技术（4G）基站 1 605 个，522 个行政村通组光纤工程全部建成；投入 16.01 亿元完成 10 千伏及以下行政村配电网改造工程。例如，隆回县坚持把推进"四好农村路"建设作为一项重大政治任务，对境内的公路路网进行科学设计，按照"城乡大融合、交通大融汇"的思路，统一编制全县农村公路建设规划，构建"承上启下、内联外接、运行可靠、布局合理、服务优质"的农村公路网布局形态。2020 年，隆回县整合扶贫涉农资金 9 397 万元，确保农村公路建设力度不减、热度不降。隆回县行政村通水泥路率达 100%，通等级路率达 100%，打通了农民致富的快捷通道。隆回县突出产业发展，改造扶五公路、山界民族路等产业大道，极大地促进了金银花、龙牙百合等农村养殖业和种植业发展；建成崇文公路等旅游线路，极大带动了雪峰山大花瑶景区等乡村旅游项目发展。又如，湘潭市大力发展农产品物流，全市共有规模以上物流企业 26 家，冷库总容量 21.42 万吨，农村集贸市场（乡村集市）108 个，步步高超市和绿丰连锁年销售蔬菜分别达到 6.4 万吨、1.5 万吨。湘潭市积极开展乡镇田头农产品仓储保鲜冷链设施建设，2020 年补贴实施主体 46 家，新建乡镇田头冷库 8 936 立方米。湘潭市共建设 4 000 多个村级电商服务站，湘潭县、韶山市获评全国电子商务进农村综合示范县。

5.2.3.4　强化公共服务，县域统筹加快推进以县域为重要载体的城镇化建设

湖南省提高乡村教育质量、农村医疗卫生水平，着力提高城乡低保标准，提升救助保障水平。湖南省推进城市优质教育、医疗卫生资源向县域配置，解决县域内读书难、看病贵的问题，实现基本医疗保险全覆盖，同时积极推动县域基本公共服务均等化。湖南省整合 43 个管理信息系统、19 个资源服务平台、11 个政务服务平台，实现 7 000 余个农村教学点全部通网，建成湖南省"互联网+教育"大平台。湖南省主要面向 51 个脱贫县建设的 101 所芙蓉学校全面建成并投入使用。湖南省建成 22 个农村网络联校实验县、100 所芙蓉学校网络联校、540 所区域网络联校、7 000 余个教学点新型资源课堂，有效促进优质教育资源均衡发展。同时，湖南省深入推进紧密型县域医疗卫生共同体建设，新建社区卫生服务中心和乡镇卫生院中医馆 386 个。湖南省推进中医药服务基层全覆盖，418 个社区卫生服务中心、1 533 个建制乡镇卫生院实现中医药服务有人员、有场地、有服务、有设施。湖南省对 103.09 万农村适龄妇女和城镇低保适龄妇女进行"两癌"免费检查。湖南省累计发放农村低保资金 47.38 亿元，农村低保人均标准达 5 256 元/年，农村低保救助水平人均达 264 元/月。所有县（市、区）的城乡低保月人均救助水平达到或超过省定标准。例如，武冈市自 2015 年以来建成了 274 个标准化村卫生室，加上各乡镇

（中心）卫生院，实现了全市各个行政村标准化村卫生室全覆盖。为尽可能地利用好标准化村卫生室，充分发挥其功能，武冈市卫生健康局相继出台了《武冈市行政村卫生室乡村医生考核方案》和《武冈市 2019 年村卫生室专家坐诊工作实施方案》，在对全市所有乡村医生实行"星级管理"的同时，从市直公立医疗卫生机构和各乡镇（中心）卫生院、社区卫生服务中心分别抽调医疗专家、骨干到村卫生室带班坐诊，把优质医疗资源送到村民的家门口，真正方便了农村群众看病就医。浏阳市从 2016 年以来持续推进基层医疗卫生机构标准化建设，建成标准化村卫生室 236 个。2020 年 9 月，浏阳市启动实施乡村卫生服务一体化管理改革，全市所有行政村卫生室、社区卫生服务站人员分别与所在乡镇（街道）卫生院签订劳动合同，纳入聘用人员管理。乡村医生可以直接开具乡镇卫生院住院单，引导患者有序转诊。2020 年，浏阳市 352 名 60 岁以下在岗乡村医生全部参保。以乡镇卫生院为依托的特色专科集群在浏阳市已初具规模。

5.2.4 强化体制机制创新，乡村组织保障体系不断健全

为全面推进乡村振兴，我们必须提高党把方向、谋大局、定政策、促改革的能力和定力，确保党始终纵览全局、协调各方，提高新时代党全面领导农村工作的能力和水平。湖南省把握省情农情，把推动农业农村高质量发展、实现农民富裕富足美好生活作为一切工作的"出发点"和"落脚点"，强化体制机制创新，强化组织保障体系，坚持"五级书记"抓乡村振兴，落实"四个优先"要求，确保巩固脱贫攻坚成果与乡村振兴有效衔接举措落地见效。

5.2.4.1 强化党建引领

加快推动乡村治理体系和治理能力现代化是加强农村基层党组织建设的内在要求，加强农村基层党组织建设是推进乡村治理体系和治理能力现代化的坚强保障。2021 年，在全面推进乡村振兴背景下，湖南省以高质量党建引领乡村治理，夯实基层党组织在乡村治理中的领导核心作用，构建基层社会治理新格局。一是筑牢战斗堡垒。湖南省将抓党建促乡村振兴纳入绩效考核、政治建设考察、基层党建述职评议考核重要内容。湖南省圆满完成村"两委"换届，新一届村干部更加年轻化、高学历化；软弱涣散村（社区）党组织得到有效整顿。二是注入人才活水。组织部门认真落实省委全面加强基层建设"1+5"文件，为基层"明职权""畅渠道""提待遇""引人才""减负担"，选优配强贫困村"两委"班子特别是党组织书记。湖南省通过积极搭建党员发挥作用平台载体，引导党员创办领办致富项目，带动群众脱贫致富，组织 60 余万

名党员干部与170万户贫困户开展结对帮扶。湖南省从市（县）机关、企事业单位选派党员干部组成1.2万支乡村振兴工作队开展驻村帮扶，在全国率先实现省、市、县三级工作队同步轮换。三是创新治理模式。湖南省全面推进新时代文明实践中心建设，举办"精准扶贫、三湘巨变"脱贫攻坚大型成就展，开展"知党恩、感党恩、听党话、跟党走"和"湘'约'我的村——寻找最美村规"等活动，推广积分制、网格化、屋场会、门前"三小"和"乡贤助乡"等有效治理模式，创建了178个国家级、1 093个省级民主法治示范村。此外，湖南省出台发展壮大农村集体经济21条政策举措。

5.2.4.2 强化组织动员

脱贫攻坚已经胜利，巩固成果任务艰巨，全面推进乡村振兴任重道远，需要各方共同参与，汇聚广大合力。2021年，湖南省不断强化组织动员，整合各方资源，为乡村振兴凝聚力量。一是加大投入力度。湖南省深化东西协作机制，安排湖南省文资委、湖南省国资委、湖南省工商联以及省内10个经济较发达市（县、区）对口支援重点帮扶县，累计向被帮扶地区投入财政援助、项目支持和社会帮扶资金3.5亿元，支持项目建设200多个，引进落地企业43家，实际投资额4.2亿元。二是推进"万企兴万村"。湖南省组织动员1 800多家民营企业、商协会结对帮扶1 500多个村。三是加强部门联动。2021年，共青团湖南省委联合湖南省乡村振兴局出台《"实现中国梦·建设新湖南"开展助力乡村振兴青春建功三年行动（2021—2023）实施方案》，引领全省广大团员青年投身乡村振兴实践。湖南省发改委、湖南省委农办、湖南省乡村振兴局等30个部门联合印发《湖南省继续大力实施消费帮扶巩固拓展脱贫攻坚成果的实施意见》，助力脱贫地区打通消费、流动、生产各环节痛点难点堵点，进一步突出市场主导，推动形成市场、政府、社会协同推进的消费帮扶新格局。四是发挥国企力量。湖南省农业农村厅、湖南省商务厅、湖南省乡村振兴局与湖南邮政合作开展惠农项目，正式启动2021年湖南"邮政919乡村振兴电商节"，精心策划打造50个万单优质农产品，开展"百店千场"直播，重点支持"数商兴农"示范县，建立青年人才研究院、农产品仓储保鲜、冷链物流建设等一系列引资金、聚人才、兴产业、建渠道、通物流、售产品，助力湖南省乡村振兴的重大举措。

5.2.4.3 强化纪律监督

从严整治形式主义官僚主义是在巩固脱贫攻坚成果与乡村振兴有效衔接承上启下的关键节点，决不能有任何喘口气、歇歇脚的想法，必须一如既往地加强纪律监督，保障各项部署和要求落到实处。2021年，湖南省全面梳理贯彻

"四个不摘"政策、返贫动态监测机制、易地搬迁后续扶持等工作中存在的突出问题，在全省范围内部署开展有效衔接问题"一县一清单"专项监督和作风整治行动。湖南省纪委监委系统组织开展"纪委为您来解难"带件走基层活动，挂牌督办100件乡村振兴等领域问题。湖南省开展惠民惠农财政补贴资金"一卡通"问题专项监督检查，保障乡村振兴帮扶资金规范使用管理。湖南省深入清理扶贫项目"两拖欠"问题，保证群众的合法利益不受损害。湖南省持续为基层群众性自治组织明责减负，推动"三个清单"落实落地。

5.2.4.4 强化关心关爱

为切实保障帮扶力度不减、成效不断，湖南省努力抓好乡村振兴工作服务建设，不断激发干部干事创业新动能。2021年4月，湖南省隆重表彰了脱贫攻坚工作中800个先进集体、1 296名先进个人，各级主流媒体跟进报道、深度宣传，社会反响良好。2021年，51个脱贫县党政正职提拔25人，重用29人，湖南省共提拔、晋升、重用、交流市（县）扶贫办主任（乡村振兴局局长）67人。同时，湖南省落实乡村振兴一线干部津贴补贴、健康体检、休假等政策，健全容错纠错机制，为担当干事者撑腰鼓劲。

5.3 脱贫攻坚成果与乡村振兴目标存在的差距

湖南省设立过渡期，着力以解决贫困地区"两不愁三保障"为重点转向实现乡村产业兴旺、生态宜居、乡风文明、治理有效、生活富裕，从集中力量打赢脱贫攻坚战转向促进巩固拓展脱贫攻坚成果与乡村振兴有效衔接。到2025年，脱贫攻坚成果在得到巩固的基础上还要不断拓展，脱贫人口生活水平持续提升，城乡低保标准力争达到城市低保标准的75%，同时脱贫县的农村居民人均可支配收入要高于湖南省平均水平。湖南省坚决守住不出现规模性返贫底线。脱贫地区经济发展活力明显增强，乡村产业竞争力进一步提高，脱贫地区省级以上龙头企业要从316家增至400家；农村基础设施进一步完善，乡镇三级公路比例要从62.6%增至85%；生态环境持续改善，美丽宜居乡村建设扎实推进，农村卫生厕所普及率从85%增至90%，乡镇污水处理设施覆盖率达到100%，农村生活污水处理率从22%增至35%；农村基层组织建设不断加强（见表5-4）。

到2035年，脱贫地区经济实力明显得到提升，农民生活更加富裕，城乡差距进一步缩小，乡村振兴取得瞩目成就，基本实现农业农村现代化。

表 5-4　湖南省脱贫攻坚成果与乡村振兴目标存在的差距

序号	指标	2020 年	2025 年	属性
1	城乡低保标准动态调整	城乡低保标准不得低于 550元/月和 4 300元/年	调整幅度不低于居民上年度人均消费支出增速，力争农村低保标准达到城市低保标准的 75%	预期性
2	脱贫地区农村居民人均可支配收入年均增速/%	10.5	高于湖南省平均增速	预期性
3	脱贫地区生产总值年均增速/%	7	高于湖南省平均增速	预期性
4	脱贫地区省级以上农业龙头企业数/家	316	400	预期性
5	脱贫地区每千人口拥有执业（助理）医生数/人	2.5	2.9	预期性
6	乡镇通三级公路比例/%	62.6	85	预期性
7	农村卫生厕所普及率/%	85	90	预期性
8	乡镇污水处理设施覆盖率/%	—	100	预期性
9	农村生活污水处理率/%	22	35	预期性
10	村集体经济年收入	—	"空壳村"全面消除，村村均有稳定收入	预期性

5.4　巩固脱贫攻坚成果与乡村振兴有效衔接的现实障碍

5.4.1　体制机制不畅

2021 年 9 月，湖南省政府已经出台了《湖南省"十四五"巩固拓展脱贫攻坚成果同乡村振兴有效衔接规划》，但是各地关于相关政策衔接的细则以及实施方案出台较晚甚至尚未出台。因此，在实践中巩固脱贫攻坚成果与乡村振兴有效衔接的体制机制往往衔接不畅通，协调同步有难度。其具体体现如下：一是领导机制引领作用尚未充分发挥。扶贫办改组为乡村振兴局是实现新阶段工作中心和重点的转移，本质就是要将一切要素资源的配置向农村倾斜，但由于职能主体仍处于机构改革的过程中，导致出现诸多规划间衔接机制欠缺、相关政策保障不到位等问题，并未真正充分发挥出其对乡村振兴的引领作用。二是乡村振兴考核机制尚处起步探索阶段。脱贫攻坚实践中已经形成了一些行之有效的做法，如精准统计，"五级书记"抓扶贫，"中央统筹、省负总责、市县抓落实"的工作机制，大数据监管，等等。对于乡村振兴而言，其在实践中依旧存在考核机制陈旧、乡镇发展同质化等问题。三是工作机制成熟度不足。脱贫攻坚注重扶贫同扶志、扶智相结合，主要帮扶对象在"人"。乡村振兴将全部乡村纳入实施范围内，其作用范围更大、更广、更全面，因此需要从原有的工作机制上解决执行难的问题。

5.4.2　人才支撑不足

要建立长效脱贫机制，持续推进乡村振兴的关键在于人，在于有多少能扎根基层、农村的人才。当前，湖南省乡村高素质人才流失严重，人才回流积极性较弱，特别是产业创新人才缺失。其具体体现如下：一是乡村人才数量不足。各类型的人才占农村常住人口的比例都很低，乡村技术人才、农业人才队伍存在断层，而且部分实用型人才没有专业技术职务评定，很多乡村只能使用临时聘用的人才，现有人才数量难以带动乡村振兴全局。二是乡村人才流失严重。从湖南省整体来看，本地的高素质人才主要是本科及以上学历的村民。因为农村基础设施不够完善，相对缺少吸引力以及受社会、家庭就业观的影响，更多人毕业后选择留在大城市发展，人才回流的积极性不高。同时，一些农村也存在引进人才用不好、留不住等问题。这些都制约着乡村振兴中高素质人才结构优化。三是乡村人才的培养不到位。时代发展越来越快，面对百年未有之大变局，面对新技术、新挑战、新理念，乡村对人才的培养特别是对新型经营主体的培养相对滞后，培训内容和方式跟不上时代发展变化，对数字农业、互联网区块链等现代化信息工具运用不足。

5.4.3　产业基础薄弱

湖南省乡村产业的生产基础条件相对薄弱，是巩固脱贫成果、衔接乡村振兴、实现农业农村现代化的一大现实障碍。其具体体现如下：一是产业发展质量和效益不高。农业生产设备投入不足，生产效益不高，特别是贫困地区农业生产机械化水平过低。湖南省山地、盆地等不适宜规模化种植、不适用大型机械设备的地区，可以学习使用小型农业机械的做法，提升农产品数量与质量，扩大效益。同时，乡村很多农产品以粗加工为主，缺少精深加工，产业链条较短，乡村企业科技创新意识不够，产品存在同质化现象。二是产业要素活力不足。地区间的资源要素流动不充分，没有发挥各地区各自的资源禀赋优势，比如乡村产业的金融服务明显不足、土地出让金用于农业农村比例偏低、产业要素缺乏活力。三是配套基础设施相对薄弱。农产品和食品配套的仓储保鲜、冷链物流设施建设不健全，脱贫地区电网建设和乡村电气化提升工程有待推进，农村产业路、旅游路建设力度不够，产业生产配套基础设施有待完善。

5.4.4 丘陵山区居住分散化和空心化，人居环境改善困难多

湖南省大部分地理空间属于丘陵山区，水田少、山林多，农民传统上对水田特别爱惜，许多丘陵山区的农民为了不占水田而把房子分散建在山脚下和半山腰上。这种传统对农田保护起着重要的作用。但是，这也造成了农民分散居住存在的一些问题。

（1）丘陵山区分散居住村庄环境改善成本高。分散居住尽管可以节约农田，但一户一宅的分散居住导致公共设施建设成本高，生活设施建设花费大。例如，分散居住情况下的每户农民都要修路到家、建设晒谷坪和休闲场地，既要花费很多钱又要占用很多地。在人居环境整治中，由于乡村分散居住，一些环境卫生设施建设不集中，比如垃圾池的建设使用效率不高，请保洁员统一收集分散的垃圾及清理和运送成本都较高，因此分散居住的丘陵山区对人居环境的改善存在问题。

（2）丘陵山区人居环境改善缺乏劳动力。丘陵山区的不少村落由于人员大量迁移，导致房屋空置、田地荒芜，"空心化"趋势明显，村落丧失活力。尤其是年轻劳动力外出，很多家庭都缺乏劳动力，很多公益事业出现了无人干也不想干的问题。乡村农户家庭主要劳动力外出打工后，留守农民要做家务、管理孩子读书和干农活，无暇顾及不影响生存大局的人居环境，因此对公共的人居环境改善不感兴趣。加之缺乏强有力的组织管理，乡村人居环境的改善在某些不发达地区严重滞后。

（3）分散居住农民人居环境改善动力小。一些地方的农民对人居环境改善不重视，随意乱丢垃圾行为已成习惯，特别是对垃圾分类、垃圾集中处理缺乏足够的认识。分散居住的农民大多各做各的事，不居住在一起，农户的家庭环境卫生也缺乏对比。一些农民认为，人居环境即使搞好了，但年轻一代不在家住也是浪费。因此，除非村里抓环境卫生评比，否则农民的环境改善自觉性较差。

（4）人居环境基础设施整体滞后，改善难度大。目前，乡村污水日益增

多，特别是一些比较发达的村庄，某些农产品加工厂和小型企业的污水排放没有严格处理，存在乱排放的问题。另外，部分乡村污水处理设施落后，如不少县域污水垃圾收集处理设施存在较大缺口，其污水收集处理率不足50%。仅有少数县城采用焚烧法处理垃圾，多数乡村主要采用填埋法对垃圾进行处理，存在二次污染的风险。80%的县域没有医疗废物焚烧处理设施。不少县城公共厕所脏、乱、差，存在卫生隐患，给人民生活和健康带来威胁。

5.4.5 乡村传统文化多样性与乡愁迷失，乡风文明建设困惑多

湖南省是一个多民族省份，全省有一个民族自治区和十多个民族自治县，民族文化丰富多彩。同时，湖南省农耕文化历史悠久，不同地域的农耕文化差异较大。湖南省文化特色多样，乡村的传统文化多样性明显。多种传统文化之间的差异性形成了各地民俗习惯的特殊性，这些都是宝贵的文化资源。但是，当前乡村乡风文明建设中，对传统文化的把握不足，乡愁迷失严重，存在一定的问题。

（1）传统文化与现代都市文明碰撞导致乡愁迷失。在农业农村现代化进程中，维系传统乡村共同体的血缘和地缘关系因为乡村日益卷入城市化、市场化和非农化进程而受到极大的冲击，人们经济活动和生活足迹的"脱域化"明显。当前，乡村人口流动大，城乡信息交流便捷，乡村文化与城市现代文明交流频繁，乡村传统文化受到城市现代文明的影响，有些乡村村民出于对现代文明的崇拜，把一些好的乡村传统文化完全丢掉，在新时代的变迁和发展中，造成了乡村传统文化多样性与乡愁的逐渐迷失。

（2）乡风文明建设急于求成导致形式化。乡风文明是乡村几千年文化的沉淀，乡风文明建设是一个漫长的渐进过程。调研发现，在乡村振兴大力推进乡风文明建设过程中，有些地方干部工作不细，急于取得成效，不顾传统文化的差异和乡愁的价值，强力推进格式化和标准化的乡风文明建设。有些地方的乡风文明建设的移风易俗就是改掉地方的传统习俗。不少地方的乡风文明建设是规范红包礼金，规范农民办酒席，不准农民放鞭炮。一些地方不顾地方风土人情，没有因地制宜推进乡村文明建设，而是搞简单化和标准化的"一刀切"。

（3）乡村民俗民风改造中过分市场化。传统的信仰类、生活类、娱乐类的乡村公共活动或者被市场化机制改造成盈利工具，或者因为村民逐渐走出乡村世界而逐渐萎缩。当前，在市场化的影响下，有些乡村的乡风文明没有把乡村朴素的民风民俗发扬下去，而是跟风市场化把一些好的民风民俗丢弃了，形成了一股金钱至上的市场化民风民俗，甚至使拜金主义歪风不断侵蚀乡村民风

民俗。在拜金主义的影响下，乡村社会没有了人情味，滋生了铜臭味。例如，以前乡村建房或办红白喜事，村民会主动帮忙不要报酬。如今没有了免费帮工，都要相互付报酬，表面上两清了，实际上是一种人情的变异和互帮互助传统美德的丢失。乡村的年味越来越淡，仪式感越来越弱，以前浓郁的乡愁逐渐减少。由此可知，有些地方的乡风文明建设效果不佳，移风易俗无法依靠行政命令强制推行，而是要依靠群众自发的实践。

5.4.6 乡村治理村民自主性参与不足，干群关系融洽互信难

乡村治理的核心是村民自治，村民自治的重点是村民自主参与乡村治理，调动村民乡村振兴的积极性，激发乡村振兴的内生动力。当前，乡村治理尽管形成了一些有效的模式，有些地方也确实取得了很好的成效，但从整体来看，治理效果并不十分理想，甚至还存在较为严重的问题，特别是在干群关系的融洽互信方面存在一定问题。

（1）村干部忙于应付上级任务，无暇细致开展群众工作。乡村振兴意味着村民主体、村级组织、乡风文明建设等乡村振兴内生动力的协同培育，核心是农民当家作主。但是，有些地方的村干部以完成乡镇交办的任务为重，无暇顾及村民主体和村级组织的自治地位，一味对上负责，对群众生产生活不关心，跟村民的沟通少，许多事情没有与村民商量直接上报，有些数据不调查直接估算，与村民的关系越来越疏远。加上撤乡并村后行政村人口剧增，相关的村民会议很难组织，很多地方的村干部认不得村民，村干部与村民的关系也变得越来越远。

（2）村民外出打工并不关心乡村治理。外出务工的村民参与乡村治理的成本高，村里的自治事务也很少通知外出务工的村民。村民对乡村的具体政策不了解，加上有些地方农业资源少、收益少，因此外出务工的村民对乡村事务并不关心，对村里的利益也不在乎，参与村里事务的积极性不高。这种外出务工村民"不在村"的状态，进一步降低了村民与村干部之间的关联度。

（3）乡镇干部下村进户少，逐渐脱离农民群众。当前，不少地方的乡镇干部下乡很少，深入农户更少，个别乡镇干部做群众思想教育工作越来越流于形式，甚至一些地方的乡镇干部官僚主义和形式主义作风比较严重。其对上级的政策法规宣传不到位，工作难以得到农民群众的理解，导致在一些问题的处理上与农民产生矛盾。例如，一些地方关于农民建房超面积处罚一事没有公开处罚标准，没有做好农民的思想工作，认定罚款数额简单粗暴。特别是有的农民靠走关系逃避了处罚，导致农民对政府的意见较大，影响了农民群众对乡镇

干部的信任。

（4）乡镇干部考核缺少农民参与和监督。当前的干部考核是上级考核下级，农民不参与考核，也没有监督乡镇干部的权利，这也导致农民对乡村治理事务的参与积极性不高。例如，在考核内容方面，除了脱贫攻坚有农民签字参与的考核外，其他考核指标与常规工作存在脱节的问题。在考核形式上，考核没有深入现场考核，存在以图片、简报、信息等文稿资料数量来评价"干"的成果，导致一些干部开展工作搞形式主义留痕迹。考核结果往往没有公示，农民不知道谁好谁差，考核结果是内部掌握。保持良好的干群关系是我们党的群众路线的关键，处理好干群关系才能做好群众工作，从而激发农民乡村振兴的内生动力。乡村治理的目的不是管住农民，而是动员农民参与乡村振兴，调动农民的乡村振兴积极性。

6 湖南省脱贫攻坚与乡村振兴有效衔接的评价体系与测度分析

在前文中，本书对有效衔接的理论脉络和相关概念内涵进行了讨论与界定，也对湖南省巩固脱贫攻坚成果与乡村振兴的衔接现状进行了分析。在此基础上，本章将参考关于有效衔接测度的现有相关成果和实地调研情况，结合有效衔接的六项重点任务及与之对应的相关政策表述，重点探讨适用于新阶段贫困治理理论内涵和农业农村发展要求的评价体系的构建过程、各项指数测算方法，并运用《湖南省乡村振兴报告（2021）》数据对湖南省 51 个摘帽县有效衔接水平进行测度评价和分析。

6.1 有效衔接评价体系的构建

6.1.1 系统框架

通过前文对我国农村扶贫和农业农村发展历程的梳理以及脱贫攻坚成果巩固与乡村振兴有效衔接内涵的讨论可以发现，实现有效衔接是一项复杂的系统工程，涉及贫困治理转型和农业农村发展方式转变的六项重点任务与多个维度的协同发展。在新的阶段中，推进有效衔接的根本要求在于既要以巩固脱贫攻坚成果为基础和底线，又要集中力量全面推进乡村振兴发展，两者不可偏废，最终实现两大领域的高协同度目标。

因此，本章将巩固脱贫攻坚成果与乡村振兴全面推进两个领域的衡量进行综合评价，并在对重点任务进一步细化的基础上，确定了具体的测评维度，最终形成了有效衔接指标体系的研究框架。有效衔接指数主要涉及两个评价领域、六个测度维度，并综合运用极差标准化法、专家意见法和熵权法测算各个维度与领域的发展程度，通过系统协调模型测算两大领域的协同发展水平。笔者统筹考虑湖南省各县在脱贫攻坚成果巩固与乡村振兴方面的综合发展程度和协同度来确定有效衔接指数。

6.1.2 构建原则

6.1.2.1 紧扣有效衔接的核心内涵和政策重点

构建有效衔接评价体系要充分领会中央文件精神，把握新时代我国农村贫困治理和农业农村发展实际，紧扣有效衔接的概念内涵，既要关注脱贫攻坚成果巩固方面，又要侧重于对乡村振兴的引导，并充分考虑多维性和系统性特征，对两大领域的推进程度和协同程度等加以度量。指标体系的选择需要全面反映有效衔接的重点任务和政策安排，明确其阶段性任务和发展目标，避免在评价维度划分和指标设置中对重要信息遗漏的情况，充分发挥指标体系在推进有效衔接过程中的"晴雨表"和"指挥棒"功能。

6.1.2.2 注重指标体系的科学性与系统性统一

建立有效衔接评价体系需要在相关理论和对农业农村发展规律加以把握的基础上，确保能准确系统地反映各区域推进有效衔接的程度和发展过程。评价指标设定的具体含义、组合方法、技术单位在满足统计制度规范性原则的基础上，既要考虑指标选择的充分性和饱和度，又要强调指标的代表性，抓住真正的核心指标，避免指标重复设置和相关度过高等问题。通过不同类型指标之间的合作配合可以体现数据和指标体系的综合性，使评价体系的设计更加系统和全面。

6.1.2.3 基础指标的可比性与数据可得性结合

本章中有效衔接指数和相关评价指标体系虽然是基于湖南省范围进行设计和测度，但其目标是以湖南省作为试点并进行推广使用，最终实现对全国县级层面的抽样比较和分析。因此，该评价体系并不是孤立和静止的，各项指标应满足可比性原则，实现在时间、空间层面和统计内涵上能够进行对比分析。同时，评价指标的设置还需要一定的可操作性，要充分考虑到指标的实用性、数据的可获得性，优先考虑已有的政府统计指标或将纳入统计制度支撑的指标，并尽量选取客观指标，避免主观因素和间接数据的过多利用，以确保测评结果的客观性和可检验性。

6.1.2.4 统筹考虑指标设置的现实性和前瞻性

关于有效衔接的评价，有些指标虽然很重要，但其数值已经充分接近目标最大值，各样本之间区分度不高。对此类指标，我们需要根据现实情况进一步选择细分指标进行解释，或者对指标的最小值、最大值、适度值进行规定，避免指标评价意义的丢失。同时，有效衔接是一个多因素和不断发展的概念，需要考虑其动态变化，准确度量过去、现在的情况和未来的发展趋势。在指标选择上我们要做到正反结合、动静结合，既要考虑存量指标，也要统筹增量指标；既要设定正向指标，也要明确逆向指标，才能在具体实践中起好指导作用。

6.1.3 指标体系

6.1.3.1 基本思路和具体流程

在指标体系设计和具体指标设置过程中，我们首先要明确评价对象。本书主要以湖南省原贫困县作为研究对象进行脱贫攻坚成果与乡村振兴有效衔接水平测度分析，主要考虑以下因素：一是中央文件中均有贫困县和乡村振兴重点帮扶县的划定方法，以县为层级进行有效衔接研究具有一定的代表性；二是湖南省历年来十分重视县域经济发展的考核评价和统计监测工作，为开展研究提供了宝贵资料；三是县级层面作为国家治理体系的重要中间环节，是推进有效衔接工作的重要载体。

首先，我们对中央文件和相关会议精神进行了系统认真的学习和领会，明确了有效衔接的重要内容和基本内涵；对相关政策表述进行逐条梳理，并在现有贫困治理和乡村振兴理论研究成果的基础上，运用扎根理论对政策条款进行编码和范畴化提炼，形成测评的基本维度。其次，我们借鉴指标体系构建相关理论，采用自上而下和由下至上相结合的方式进行指标设置，即通过充分性原则对相关政策表述进行指标提炼和饱和设计，并结合调研和座谈反馈情况，形成了包含54个重点监测指标的预选指标集（见表6-1）。最后，我们通过征求湖南省脱贫攻坚领导小组各部门意见，组织专家研讨会，县、乡、村三级报表试填，抽样县试测，以湘西州为试点等方式和流程，在确保评价充分性和理论饱和度的基础上，进一步采用代表性原则对相似性指标和非重点指标进行精简和调整。经过半年的反复研究和论证，我们最终确定了由两个领域，六个维度，共31项指标构成的脱贫攻坚与乡村振兴有效衔接评价体系（见表6-2）。

表 6-1　湖南省脱贫攻坚与乡村振兴有效衔接统计监测体系

监测维度	监测指标	
"两不愁 三保障"	农村居民恩格尔系数	农村基本医疗保险参保率
	居民住房评级 C 及以下比例	义务教育阶段入学率
	农村自来水入户率	养老保险参保率
稳定脱贫	低收入人口比例	人均拥有教育经费
	其中：返贫人数	农村居民最低生活保障标准
可持续增收	经营净收入占可支配收入比	教育文化娱乐支出占生活消费支出比
	农村居民财产性收入增速	农村人均可支配收入增速
产业特色化	省级以上优势特色产业专业村占比	
产业品牌化	"三品一标"农产品数	市（县）级以上区域公用品牌数
	"三品一标"农产品基地面积占耕地面积比例	
产业绿色化	主要农作物病虫绿色防控覆盖率	化肥施用强度
	畜禽粪污综合利用率	农药施用强度
产业融合化	农产品产地初加工率	开展休闲农业、乡村旅游接待村占比
	规模以上农产品加工业产值占农林牧渔总产值比例	
产业现代化	主要农作物综合农业机械化水平	农业信息化水平
	高标准农田占比	新型职业农民数
基础设施	编制多规合一村庄规划行政村占比	30 户以上自然村（组）通硬化路率达 100% 的村占比
	供电可靠率/客户端电压合格率	村民小组第四代移动通信技术(4G)网络全覆盖的村占比
公共服务	县级图书馆、文化馆级别	村综合性文化服务中心覆盖率
	医疗卫生机构数	每千农村人口卫生技术人员数
人居环境	生活垃圾有效处理的村占比	生活污水有效处理的村占比
	是否为省级卫生县（市、区）	无害化卫生厕所普及率
乡风文明	县级及以上文明乡镇占比	县级及以上信用乡镇占比
	开展移风易俗专项行动次数	
治理有效	平安建设群众满意度	每万人刑事案件数
	村党组织书记担任村民委员会主任的村比例	辖区村委会建有自治组织的村占比
生活富裕	农村人均可支配收入	每百户汽车拥有量
	农村人均消费支出	
城乡融合	乡村振兴财政投入在县级财政公共支出中占比	县域义务教育校际均衡状况评估差异系数
	城乡居民收入比	

表 6-2　湖南省脱贫攻坚与乡村振兴有效衔接评价体系

衔接指数	评价领域	测度维度	序号	评价指标	指标方向
脱贫攻坚与乡村振兴有效衔接指数	A 脱贫攻坚成果巩固拓展	A1 "两不愁三保障"	1	农村居民恩格尔系数	(−)
			2	农村居民人均安全住房面积	(+)
			3	农村基本医疗保险参保率	(+)
			4	适龄少年儿童义务教育阶段入学率	(+)
			5	农村自来水入户率	(+)
		A2 防范规模性返贫	6	低收入人口比例	(−)
			7	返贫（贫困）人口比例	(−)
			8	农村居民最低生活保障标准	(+)
			9	农村人均可支配收入增速	(+)
		A3 稳定脱贫能力	10	农村居民经营净收入	(+)
			11	农村居民人均耕地面积	(+)
			12	农村居民教育文化娱乐消费支出比例	(+)
			13	人均公共教育经费	(+)
	B 乡村振兴全面推进	B1 特色产业发展	14	农田有效灌溉面积占耕地比例	(+)
			15	"三品一标"农产品数	(+)
			16	农药化肥施用强度	(−)
			17	规模以上农产品加工业产值	(+)
			18	国内旅游收入	(+)
			19	亩均农业机械总动力	(+)
			20	高标准农田面积占比	(+)
		B2 宜居乡村建设	21	30 户以上自然村（组）通硬化路率	(+)
			22	农村地区供电可靠率	(+)
			23	村综合性文化服务中心覆盖率	(+)
			24	每千农村人口卫生技术人员数	(+)
			25	生活垃圾污水均有效处理的村占比	(+)
			26	无害化卫生厕所普及率	(+)
		B3 乡村治理水平	27	平安建设群众满意度	(+)
			28	每万人刑事案件数	(−)
			29	辖区村委会下建有自治组织的村占比	(+)
			30	县级及以上文明乡镇占比	(+)
			31	村党组织书记兼任村民委员会主任的比例	(+)

6.1.3.2 指标选择与相关说明

在评价领域 A 脱贫攻坚成果巩固拓展中，根据其对应的三项重点工作，笔者主要设置了 A1 "两不愁三保障"、A2 防范规模性返贫、A3 稳定脱贫能力三个测度维度。在 A1 "两不愁三保障"方面，主要体现了农村居民基本生活保障，既是 2020 年贫困人口脱贫的底线要求和关键指标，也是在推进有效衔接过程中需要持续监测的重点内容。因此，在该维度中，笔者从县域评价的角度选取了农村居民恩格尔系数、农村居民人均安全住房面积、农村基本医疗保险参保率、适龄少年儿童义务教育阶段入学率、农村自来水入户率五项评价指标。其中，农村居民恩格尔系数为逆向指标，其值越小得分越高。在 A2 防范规模性返贫方面，笔者主要从缓解相对贫困、防止返贫监测、社会保障角度出发，并在指标设定时考虑结构指标与增量指标相结合，最终选择了低收入人口比例、返贫（贫困）人口比例、农村居民最低生活保障标准、农村人均可支配收入增速四项评价指标。其中，低收入人口比例、返贫（贫困）人口比例两项为逆向指标。在 A3 稳定脱贫能力方面，笔者主要聚焦农业生产经营的持续发展、农村人力资本积累和农村居民生计能力提升等要求，选取了农村居民经营净收入、农村居民人均耕地面积、农村居民教育文化娱乐消费支出比例、人均公共教育经费四项评价指标。

在评价领域 B 乡村振兴全面推进中，笔者主要设置了 B1 特色产业发展、B2 宜居乡村建设、B3 乡村治理水平三个测度维度。在 B1 特色产业发展方面，笔者主要从实现农村产业的特色化、品牌化、绿色化、融合化和现代化转型发展目标出发，选取了农田有效灌溉面积占耕地比例、"三品一标"农产品数、农药化肥施用强度、规模以上农产品加工业产值、国内旅游收入、亩均农业机械总动力、高标准农田面积占比七项评价指标。其中，农药化肥施用强度为逆向指标。在 B2 宜居乡村建设方面，笔者主要聚焦基础设施提升、公共服务提档、人居环境改善等方面的发展要求，结合指标实际区分度和评价意义，选取了 30 户以上自然村（组）通硬化路率、农村地区供电可靠率、村综合性文化服务中心覆盖率、每千农村人口卫生技术人员数、生活垃圾污水均有效处理的村占比、无害化卫生厕所普及率六项评价指标。在 B3 乡村治理水平方面，笔者主要聚焦乡村振兴中治理有效、乡风文明等要求，采用结果指标与过程指标相结合的方式，选取了平安建设群众满意度、每万人刑事案件数、辖区村委会下建有自治组织的村占比、县级及以上文明乡镇占比、村党组织书记兼任村民委员会主任的比例五项评价指标。其中，每万人刑事案件数为逆向指标。

6.2 有效衔接指数的测算方法

6.2.1 指标标准化处理

指标标准化，即数据的无量纲化，旨在解决指标数据量纲和数量级不一致与可综合性的问题，是综合比较不同指标数据的前提（胡永宏，2012），也是实现不同测评对象指数横向、纵向可比的基础。从现有研究来看，相关研究使用了多种无量纲化的方法，如均值法、比重法、极差标准法、中位数法等（张卫华等，2005；樊红艳等，2010；岳立柱等，2020），具有不同的特点、优势和适用情况。采用不同的指标标准化方法，其测度结果往往也会有一定差距，方法的选择从某些方面来说决定了测度结果的可靠程度。因此，本书参照李玲玉等（2016）提出的标准化方法选择中的变异性、差异性和稳定性原则（最大化保留指标包含的变异信息，尽量体现评价对象的差异以及保证评价结果的稳定性最好），基于有效衔接评价体系中个别重要指标的数值差异性较小（如义务教育入学率）等方面的考量，采用极差标准化法更能真实地反应各地区指标的真实得分。

但是，由于极差标准化法的指标得分在很大程度上取决于样本指标最大值和最小值的分布情况，因此避免数据存在异常值或极端值时导致的取值范围出现明显的不均匀分布问题（李伟伟等，2018），关键是要对各指标的上下限阈值进行检验。本书在测评中以 2020 年各县（市、区）每项指标数据为基础，并参考了湖南省 2017—2020 年各县（市、区）中相应指标最大值和最小值以及相关政策文件、发展规划中相应指标在 2021—2025 年的阶段目标设定。指标极差标准化具体公式如下：

正向指标无量纲化计算公式如下：

$$Z_i = (X_i - X_{i,\min})/(X_{i,\max} - X_{i,\min}) \qquad (6.1)$$

逆向指标无量纲化计算公式如下：

$$Z_i = (X_{i,\max} - X_i)/(X_{i,\max} - X_{i,\min}) \qquad (6.2)$$

其中，本书将第 i 个指标记为 $X_i(i = 1, 2, 3, \cdots, n;\ n$ 为指标个数)，下限阈值和上限阈值分别为 $X_{i,\min}$ 和 $X_{i,\max}$，标准化处理后的值为 Z_i。

6.2.2 权重的确定方法

从现有关于贫困治理和农业农村发展相关评价的研究来看，采用指标体系进行综合评价可以有效确保测度的准确性和系统性。目前，针对多属性评价的常用方法一般包括层次分析（陈小丽，2015）、因子分析（陈俊梁等，2020）、主成分分析（鲁邦克等，2021）、TOPSIS（沈费伟等，2017）和熵权法（周国华，2018）等。根据权重数据的不同来源和确定流程，权重法可以进一步分为主观权重法、客观权重法、综合权重法。每一类方法均具有其优劣势和具体应用适宜性。其中，专家意见法、层次分析等常用的主观赋权法可以有效利用专家在评价领域的相关知识和经验，其确定出的各项指标权重大小较为符合数据的真实表现，不会出现与现实情况偏离较大或相悖的问题，但存在主观随意性强和各种不确定性因素等缺点。主成分分析、熵权法等客观赋权法主要依据数据之间的联系来制定权重。由于可以在一定程度上克服主观赋权法的缺陷，因此客观赋权法已深入应用到各个领域的综合评价中（俞立平等，2021）。但是，由于缺乏对指标实际含义的充分考虑，客观赋权法有可能出现权重设置与实际情况不符的情况。因此，本书综合考虑上述两种方法的优缺点，通过主客观组合赋权法来进行权重设计。具体操作和步骤如下：

6.2.2.1 确定客观权重

本书运用熵权法来确定各项指标的客观权重，其基本思路是借鉴物理学中熵的概念，根据数据变异程度的情况来确定权重（王会，2017）。熵权法的诸多优点在以往文献中已有详细论述（赵会，2019；刘亚雪，2020；田野，2021），因此这里不再赘述。主要计算过程如下：

首先，本书将 m 个评价对象和 n 个评价指标构建初始判断矩阵 $U = \{u_{ij}\}_{m \times n}$，其中 $1 \leqslant i \leqslant m$，$1 \leqslant j \leqslant n$，$u_{ij}$ 为第 i 个对象中的第 j 项指标。

其次，本书通过上文中的极差标准化方法公式（6.1）和公式（6.2）对初始数据进行处理，得到 Z_{ij}，即第 i 个对象中的第 j 项指标的标准化数据。本书通过公式(6.3)计算指标体系比重矩阵$(P_{ij})_{m \times n}$，其中 $0 \leqslant P_{ij} \leqslant 1$。

$$(P_{ij})_{m \times n} = Z_{ij} / \sum_{i=1}^{m} Z_{ij} \tag{6.3}$$

最后，本书根据熵的定义和公式(6.4)，确定第 j 项评价指标的信息熵值 e_j，其中 $0 \leqslant e_j \leqslant 1$，$k = 1/\ln m$ 为信息熵系数。

$$e_j = -K \sum_{1}^{M} P_{ij} \ln P_{ij} \tag{6.4}$$

6.2.2.2 确定专家权重

关于专家权重的确定，本书主要参照了专家调查权重法（肖枝洪，2020）等主观权重确定相关思想并结合研究工作实际进行了调整和简化。本书测评中专家权重的确定方法和主步骤如下：首先，我们邀请了九位来自政府、高校、研究机构的相关领域专家进行座谈，在明确有效衔接重点内容后对 31 项评价指标进行赋权，将第 m 位专家对第 n 项指标赋权结果记为 W_{mn}，形成指标权重量 $W_m = (W_{m1}, W_{m2}, \cdots, W_{mn})$。

其次，我们基于先验经验，对每一位专家的权威性、对该领域的熟悉程度、讨论参与程度等方面进行综合评价，之后得出第 m 位专家的个人权重 β_m。记专家权重项量 $B = (\beta_1, \beta_2, \cdots, \beta_{m\beta})$。

最后，我们通过专家给出的指标权重和被赋予的个人权重，权重项量为 $W_n = W_m B$。

6.2.2.3 计算组合权重

主客观权重的合理组合能够有效发挥两者的优势。从现有文献来看，关于主客观组合赋权的研究成果较为丰富，组合方式大致可以分为乘法合成法、加法合成法和极差最大化法等。其中，乘法合成法主要通过两种权重的乘积和归一化进行研究（郭亚军，2007）；加法合成法主要通过决策者对两种权重的不同偏好来决定合成的具体比例（穆瑞欣，2010），一般情况下采用等权重加权平均的方式进行组合（张雪等，2020）；极差最大化法主要以权重合理取值区间为约束条件，以结果区分度最大为目标函数进行组合权重求解（余鹏，2019）。

本书主要采用加法合成法来进行最终权重组合，通过对指标权重合理性和区分度两个方面的充分考量与讨论，最终以 4：6 的比例确定客观和主观权重合成系数进行线性加权。

6.2.3 各项指数的计算

根据前文对有效衔接的定义，指数得分来自脱贫攻坚成果巩固和乡村振兴两个领域，是包含发展程度和协调程度两个方面的综合评价，涵盖了"两不愁三保障"、防范规模性返贫、稳定脱贫能力、特色产业发展、宜居乡村建设、乡村治理水平六个测度维度，每个维度均由多个基础指标得分合成。

关于发展度的计算，本书参考了联合国人类发展指数（HDI）的计算方法，将每个领域包含的指标进行标准化处理后的数值 Z_i 与其权重 W_i 参照公式（6.5）计算得到该领域指数 I_j，n 为该领域包含基础指标数。I_j 的取值范围为 [0，1]，数值越趋近于 1，表明对应领域或维度的发展程度越高，各个分维度指数也采用同样方式计算获得。

$$I_j = \sum_1^n Z_i W_j \Big/ \sum_1^n W_i \tag{6.5}$$

关于协调度的计算，本书主要借鉴了逯进（2013）、周迪（2019）等研究中的系统协调模型［公式（6.6）］来测算两个领域推进的协同情况，其中 I_1 为脱贫攻坚成果巩固指数，I_2 为乡村振兴指数。C 的取值范围为 $[0，1]$，数值越趋近于 1，表明两者的同步性越好。

$$C = [4 \times (I_1 \times I_2) / (I_1 + I_2)^2] \tag{6.6}$$

关于有效衔接指数的测算，本书借鉴了耦合协同模型思想，采用公式（6.7）进行计算，即衔接指数 CI 为综合发展 T 和协同 C 的几何平均，其中 $T = \sum_{1}^{31} Z_i w_i$。此方法对低水平领域的敏感程度更高，即在同等幅度的变化下，低水平领域得分对有效衔接指数的影响更为显著。

$$CI = \sqrt{T \times C} \tag{6.7}$$

6.3 湖南省县级层面的测度分析

6.3.1 测评样本与数据选择

根据中央文件精神，有效衔接的重点监测评价对象和乡村振兴重点帮扶县产生范围仍在原贫困县中，因此本节主要运用前文所述的有效衔接指数测算方法，对湖南省 51 个摘帽县进行全面测评。根据脱贫摘帽批次，测评样本包含了 2016 年摘帽县 2 个，2017 年摘帽县 12 个，2018 年摘帽县 17 个，2019 年摘帽县 20 个。样本具体分布情况见表 6-3。在数据选择上，测评主要采用由湖南省乡村振兴局提供的《湖南省乡村振兴报告（2021）》数据以及湖南省脱贫攻坚领导小组成员单位提供的相关数据。

表 6-3　2016—2019 年湖南省脱贫摘帽县（市、区）

年份	脱贫摘帽县（市、区）数量/个	脱贫摘帽县（市、区）名单
2016	2	武陵源区、洪江区
2017	12	祁东县、双牌县、江永县、宁远县、洪江市、吉首市、鹤城区、炎陵县、茶陵县、石门县、桂东县、中方县
2018	17	新邵县、绥宁县、武冈市、永定区、慈利县、安化县、江华瑶族自治县、辰溪县、新晃侗族自治县、芷江侗族自治县、会同县、靖州苗族侗族自治县、双峰县、平江县、宜章县、汝城县、安仁县

表6-3（续）

年份	脱贫摘帽县（市、区）数量/个	脱贫摘帽县（市、区）名单
2019	20	邵阳县、隆回县、洞口县、新宁县、城步苗族自治县、桑植县、新田县、沅陵县、溆浦县、麻阳苗族自治县、通道侗族自治县、新化县、涟源市、泸溪县、凤凰县、花垣县、保靖县、古丈县、永顺县、龙山县
合计	51	

6.3.2　有效衔接指数与分析

本次测算继续采用湖南省各县 2020 年的数据，我们将数据代入公式（6.1）中，并依照公式（6.2）中的计算过程进行测算。根据测算结果，51 个抽样县有效衔接指数得分在 46.31~85.92。在两个分指数中，脱贫攻坚成果巩固指数得分在 51.25~73.63，乡村振兴指数得分在 22.71~73.31，协同度水平在 0.65~0.98，综合发展度得分在 34.18~76.29，测算结果符合预期，具有较好的一致性和稳健性。

2022 年 5 月 26 日下发的《中共湖南省委办公厅湖南省人民政府办公厅印发〈关于支持十五个乡村振兴重点帮扶县跨越发展的意见〉的通知》（湘办〔2022〕22 号）公布了 15 个湖南省乡村振兴重点帮扶县名单（见表6-4）。从本次测评结果来看，总体指数得分和排名情况（见表6-5）与帮扶名单具有极好的契合度，总体契合度达到了 97%，有效衔接指数排名倒数 15 位中有 14 个与湖南省乡村振兴重点帮扶县名单一致，契合度达到 93.33%。

表 6-4　湖南省乡村振兴重点帮扶县名单

所属市州	乡村振兴重点帮扶县
湘西州（5 个）	泸溪县、古丈县、保靖县、永顺县、龙山县
怀化市（4 个）	沅陵县、溆浦县、麻阳苗族自治县、通道侗族自治县
邵阳市（3 个）	绥宁县、城步苗族自治县、邵阳县
张家界市（1）	桑植县
益阳市（1 个）	安化县
娄底市（1 个）	新化县

表 6-5 湖南省脱贫攻坚与乡村振兴有效衔接指数测评（2020 年）

县（市、区）	有效衔接 指数 CT/%	CI 排名	脱贫巩固 指数 I_1/%	I_1 排名	乡村振兴 指数 I_2/%	I_2 排名
洪江区	85.92	1	73.63	1	76.29	1
鹤城区	84.36	2	70.25	4	75.64	2
武陵源区	83.25	3	72.35	2	75.03	3
吉首市	82.69	4	71.36	3	73.26	5
祁东县	82.30	5	68.59	6	74.18	4
双牌县	81.46	6	70.29	5	72.69	6
洪江市	80.98	7	65.23	11	71.23	8
宁远县	80.26	8	66.53	10	71.38	7
江永县	79.53	9	67.01	9	70.26	9
永定区	79.25	10	68.34	7	67.31	12
茶陵县	79.01	11	67.35	8	68.29	11
炎陵县	78.23	12	65.12	12	69.15	10
桂东县	78.11	13	64.03	14	67.39	13
中方县	77.69	14	63.58	15	66.37	14
平江县	77.36	15	64.56	13	63.58	17
武冈市	76.84	16	62.19	18	64.13	15
双峰县	76.53	17	62.58	16	63.95	16
石门县	76.21	18	62.31	17	62.08	18
安仁县	75.72	19	60.26	21	61.69	20
新田县	75.49	20	58.96	24	61.83	19
涟源市	75.08	21	61.38	19	59.68	22
新邵县	74.23	22	60.52	20	60.05	21
花垣县	73.25	23	59.76	22	59.16	23
凤凰县	72.96	24	59.25	23	57.35	26
隆回县	72.23	25	57.18	28	58.37	24
江华县	71.52	26	57.37	27	57.49	25
宜章县	70.37	27	58.09	26	57.03	27

表6-5（续）

县（市、区）	有效衔接指数 CT/%	CI 排名	脱贫巩固指数 I_1/%	I_1 排名	乡村振兴指数 I_2/%	I_2 排名
汝城县	69.49	28	58.26	25	56.27	28
会同县	68.39	29	57.02	29	55.89	29
芷江县	67.28	30	55.35	34	55.16	30
新宁县	67.05	31	55.03	35	54.39	31
洞口县	66.83	32	55.68	33	53.85	32
慈利县	66.19	33	55.89	32	53.62	33
辰溪县	65.23	34	56.89	30	51.39	34
靖州县	63.58	35	56.31	31	50.54	35
邵阳县	61.29	36	54.97	36	50.21	36
新晃县	60.28	37	54.06	40	48.53	38
麻阳县	58.34	38	54.23	39	49.47	37
溆浦县	57.26	39	54.72	37	48.02	39
新化县	55.38	40	54.46	38	46.29	40
安化县	53.76	41	53.07	44	44.18	41
古丈县	52.68	42	53.29	43	43.52	42
绥宁县	51.35	43	53.81	41	41.26	43
桑植县	50.69	44	53.58	42	40.51	44
沅陵县	50.32	45	52.32	48	39.32	45
保靖县	49.36	46	52.39	47	38.29	46
城步县	49.06	47	52.69	46	37.61	47
龙山县	48.88	48	52.81	45	36.79	48
泸溪县	48.35	49	51.92	49	36.06	49
永顺县	47.29	50	51.25	51	35.25	50
通道县	46.31	51	51.39	50	34.18	51

从各项指数得分和排序情况来看，湖南省巩固脱贫攻坚成果与乡村振兴有效衔接水平主要表现出以下特征：

（1）全省脱贫攻坚与乡村振兴有效衔接整体情况呈现良好发展态势，指数得分呈"左偏分布",梯队分布大致呈"橄榄形"特征。湖南省51个摘帽县（市、区）有效衔接指数得分的平均数与中位数分别为68.15和71.32,指数得分集中分布区间为71.52~81.46。根据各县（市、区）有效衔接指数排名来看,排名前10位的县（市、区）依次是洪江区、鹤城区、武陵源区、吉首市、祁东县、双牌县、洪江市、宁远县、江永县和永定区。其中,洪江区、武陵源区为2016年首批摘帽县,祁东县、双牌县、江永县、宁远县、洪江市、吉首市、鹤城区为2017年摘帽县,永定区为2018年摘帽县,都具有较好的发展基础。排名后10位的县均位于偏远深度贫困地区,脱贫摘帽时间短,发展基础薄弱。我们进一步采用多元统计聚类方法,对有效衔接指数得分进行聚类分析并结合指数得分梯度情况,将51个县（市、区）有效衔接水平划分为三个梯队。三个梯队的指数结构表现出明显的"橄榄型"特征（其中,第一梯队八个,有效衔接指数在80.26以上;第二梯队27个,有效衔接指数在63.58~79.53;第三梯队16个,有效衔接指数在61.29以下）,个别摘帽县已经走在湖南省乡村振兴前列,大部分摘帽县也发展成为推进乡村振兴的重要力量,湖南省有效衔接整体情况呈良好发展态势。

（2）第三梯队与第一梯队第二梯队之间出现了明显的"断崖"现象,是湖南省推进有效衔接工作的重点帮扶对象。根据测算结果,第一、二、三梯队的有效衔接指数平均得分分别为82.65、73.10和52.54。第三梯队和第二梯队平均得分差距为20.56,和第一梯队平均得分差距更是达到30.11,出现了明显的"断崖",区域发展不平衡问题明显。从地区分布看,尾部第三梯队主要位于大湘西地区,其中五个县位于湘西州,五个县位于张家界市,三个县位于邵阳市。从两个分项指数来看,第三梯队与第一梯队、第二梯队的各项指数得分均存在较大差距。其主要原因在于原深度贫困地区的发展基础薄弱,大部分县在乡村振兴方面仍处于较低水平,并且在脱贫攻坚取得全面胜利之后,如何持续巩固脱贫攻坚成果、防范规模性返贫将是2021—2025年工作的重点和难点。

（3）大部分县在脱贫攻坚成果巩固与乡村振兴推进中存在不协调情况,全面推进乡村振兴是湖南省推动有效衔接工作的重点。从协调度来看,在0.8~0.9的县有8个,在0.8以下的县有43个,分项指数 I_1 和 I_2 差距在-6.38~37.25。具体来看,2018年和2019年摘帽的37个县（市、区）在脱贫攻坚成果巩固方面做得较好,但在乡村振兴方面的指数得分落后于在脱贫攻坚成果巩固方面的指数得分。其摘帽后在乡村振兴发展中的推进力度不够,拉低了综合得分。

6.3.3 各分维度指数与分析

为进一步考察湖南省51个县（市、区）在推进有效衔接发展中的优势和劣势，本章还分别测算了这些地区的六个维度的得分（见表6-6）。

表6-6 湖南省51个县（市、区）分维度指数得分（2020年）

县（市、区）	"两不愁三保障"A₁	防范规模性返贫 A₂	稳定脱贫能力 A₃	特色产业发展 B₁	宜居乡村建设 B₂	乡村治理水平 B₃
洪江区	89.25	80.31	51.36	39.21	69.68	50.52
鹤城区	90.34	79.26	50.96	41.40	71.32	51.27
武陵源区	88.59	78.66	47.39	39.67	70.93	49.36
吉首市	86.37	75.32	48.25	38.29	65.27	44.38
祁东县	85.69	76.27	48.37	37.21	66.34	44.02
双牌县	80.36	79.38	47.29	36.98	65.38	39.25
洪江市	82.39	76.59	51.03	38.59	68.25	46.31
宁远县	80.56	77.45	46.34	38.15	60.27	38.62
江永县	81.64	76.34	48.26	37.59	59.32	38.42
永定区	80.21	75.26	47.33	42.07	69.61	45.36
茶陵县	79.28	77.28	47.09	35.62	59.37	40.29
炎陵县	79.36	75.92	46.25	33.20	59.01	39.21
桂东县	78.26	78.36	49.32	35.64	58.29	38.26
中方县	82.31	72.59	48.53	33.51	65.32	49.69
平江县	80.24	73.49	47.92	38.16	62.19	38.61
武冈市	78.36	73.13	46.38	37.68	60.34	37.67
双峰县	77.48	71.69	45.27	35.29	59.26	36.52
石门县	78.63	70.36	44.39	34.62	58.64	35.28
安仁县	77.39	70.56	45.36	33.58	58.13	33.59
新田县	77.23	69.35	44.89	34.12	57.63	34.62
涟源市	76.32	74.24	44.68	35.67	59.62	35.86
新邵县	76.58	68.39	44.07	33.72	58.76	33.54
花垣县	75.26	67.35	43.26	33.24	55.20	31.27

表6-6(续)

县(市、区)	"两不愁三保障"A_1	防范规模性返贫 A_2	稳定脱贫能力 A_3	特色产业发展 B_1	宜居乡村建设 B_2	乡村治理水平 B_3
凤凰县	78.93	66.54	43.85	39.25	56.15	32.68
隆回县	74.61	66.89	43.17	36.91	54.32	33.26
江华县	73.67	65.38	45.36	35.27	53.68	30.27
宜章县	70.68	68.32	44.37	33.69	54.31	30.68
汝城县	73.61	64.27	43.28	32.51	53.28	31.64
会同县	70.65	65.38	42.63	30.28	52.37	30.45
芷江县	71.35	65.68	49.35	31.26	52.12	29.98
新宁县	70.12	64.35	44.21	31.56	51.98	30.26
洞口县	70.74	63.19	43.56	35.63	53.47	30.57
慈利县	69.34	62.96	40.27	30.22	51.06	28.62
辰溪县	68.59	62.83	41.36	29.65	49.62	28.03
靖州县	73.31	63.26	42.06	32.85	49.28	27.89
邵阳县	67.20	60.29	39.25	30.64	48.35	27.68
新晃县	67.86	61.37	40.26	29.65	47.29	27.53
麻阳县	67.25	60.15	48.61	29.31	46.23	25.61
溆浦县	70.39	59.26	42.30	29.04	45.65	28.53
新化县	70.28	58.72	40.26	32.61	44.59	29.74
安化县	69.34	58.34	43.62	35.26	45.78	28.31
古丈县	65.29	56.55	39.52	29.65	43.25	25.85
绥宁县	64.57	59.23	41.08	30.36	44.62	26.33
桑植县	64.36	55.34	40.32	30.21	43.01	24.59
沅陵县	64.91	55.67	39.65	28.65	43.57	24.04
保靖县	64.37	54.35	39.24	28.34	43.45	23.30
城步县	64.29	51.29	38.67	27.69	42.67	23.64
龙山县	63.28	52.37	38.21	27.39	40.26	23.15
泸溪县	63.87	51.27	37.23	26.31	39.28	23.18
永顺县	61.25	50.68	37.68	25.69	39.82	21.05
通道县	62.33	50.31	37.01	25.32	40.25	20.03

我们参照公式（6.5）计算出表6-6中六个维度的平均得分。总体来看，湖南省六个维度的发展表现出明显的不协调特征，其中"两不愁三保障"和防范规模性返贫两个维度做得最好，得分分别为74.09和66.51。其主要原因在于2020年是脱贫攻坚战的收官之年，全国举非常之力兑现了贫困县全部退出、农村贫困人口全面脱贫的庄严承诺。但是，各县（市、区）在稳定脱贫能力方面仍显不足，平均得分仅为44.12，主要表现在稳定生产经营和人力资本积累方面的薄弱。在乡村振兴方面，各县（市、区）在宜居乡村建设维度取得了较好的成绩，指数得分为54.27，但特色产业发展和乡村治理水平仍是短板，得分分别为33.50和33.31。其主要原因在于国家在脱贫攻坚期间和乡村振兴推进的初期投入了大量资源，着力基础设施和公共服务提升，并通过"三大革命"推进农村人居环境改善，并取得了阶段性的成果。产业扶贫作为覆盖率最大的"造血式"脱贫措施，为激发贫困农户内生动力和稳定增收奠定了基础，大量"短平快"产业的快速发展更是为促进农户脱贫起到了积极作用，但大部分地区的长效产业仍处于培育期和投入期。

从各个维度具体来看，在"两不愁三保障"维度（61.25~90.34），排名后10位的县得分均在65以下，偏离该维度的平均得分74.09较远。从具体指标来看，其短板主要在于恩格尔系数偏高与食品消费不足，农村居民人均安全住房和饮水条件与其他县存在较大差距。在防范规模性返贫方面（50.31~80.31），60以下的有13个县，其中9个县也是在"两不愁三保障"方面薄弱的县。主要原因在于高比例的低收入人口和农村最低生活保障标准的相对不足。在六个维度中的相对短板维度，在稳定脱贫能力方面（37.01~51.36）做得较好的县（市、区）有洪江区、鹤城区、祁东县、吉首市和桂东县等。其共同点在于均拥有高于湖南省平均水平的农民人均经营净收入、农村居民人均耕地面积、人均公共教育经费，可持续发展潜力较大。在特色产业发展维度（25.32~41.40），位于前列的县（市、区）为永定区、鹤城区、武陵源区、吉首市和宁远县等。在宜居乡村建设维度（39.28~71.32），鹤城区、武陵源区、洪江区、永定区、吉首市等表现较好，得分均在70左右。在乡村治理水平维度（20.03~51.27），位于前列的县（市、区）有鹤城区、洪江区、武陵源区、永定区和中方县等。

7 湖南省巩固脱贫攻坚成果与乡村振兴有效衔接的路径选择

如果将脱贫攻坚与乡村振兴的衔接视为一个系统工程，那么站在衔接的全局视角，我们需要关注的就是两者的衔接包含哪些主体、围绕哪些内容展开对接以及如何实现衔接的有效性三大问题。

7.1　主体衔接：多元主体联动形成衔接合力

在脱贫攻坚战中，党充分发挥了集中统一领导的优势，依靠党的强大组织力、凝聚力、号召力，带动最广泛的力量共同参与扶贫开发，向绝对贫困宣战，不仅在国内形成了脱贫攻坚的共同意志和共同行动，更是不乏国际组织的关注与帮助。推进脱贫攻坚与乡村振兴有效衔接任重道远，我们必须在党的领导下，促进多元主体协同发力，形成多元主体协同治理的整体性机制。

7.1.1　强化党的领导力

事在四方，要在中央。万山磅礴，必有主峰。巩固拓展脱贫攻坚成果，接力推进乡村振兴，为乡村的发展明确了方向和目标，关系到广大人民群众的切身利益，需要坚定不移加强党的全面领导，充分发挥党的政治领导力、思想引领力、群众组织力和社会号召力，走出一条具有中国特色的"脱贫振兴"道路。一要完善党的领导体制和工作机制。一方面，我国要健全农村工作领导体制。我国要坚持中央统筹，推行省负总责，由市县乡抓落实。另一方面，我国要坚持"五级书记"负责制，层层落实主体责任。二要加强基层党组织建设，筑牢战斗堡垒。基层党组织是党的全部工作和战斗力的基础，要积极主动发挥桥梁纽带作用。我国要横向统筹协调，纵向下移党建重心，增强凝聚力。一方面，我国要严格执行上级党组织决议，推动决策部署在基层的贯彻落实。另一方面，"去民之患，如除腹心之疾"。我国要深入基层，深入群众，耐心倾听，解决人民群众的"急难愁盼"问题。三要加强干部队伍建设。我国要着眼于提升人民群众的满意度，培养一支懂农业、爱农村、知农民的智慧化"三农"工作队伍，有效提升组织能力，也为两大战略的衔接提供坚实的人才保障。

7.1.2 优化政府引导力

政府是推进两大战略有效衔接的战略规划者、推动者和服务者。过去几年，在政府的强力主导下，国家对资源实施集中统一调配，绝大部分农村地区的村容村貌、网络通信、水电排污等基础设施都得到了很大的改善。在新一轮的巩固脱贫攻坚成果、实施乡村振兴的进程中，政府主导要过渡到政府引导，充分发挥政府调控功能。只有政府更加重视市场机制，更加注重服务职能的发挥，把精力更多地放在改善农村营商环境、加强农村市场监管、引导社会资金流入、加快职能转变等方面，才能更好适应时代发展和现实环境的要求。此外，政府要加强各部门之间的工作衔接，依托"互联网+"、大数据、云计算等技术支撑的信息化手段，建立起部门间共通共享的数据库，优化治理手段和范式。政府要通过收集和分析群众诉求，有针对性地提供公共服务。

7.1.3 激活市场原动力

一直以来，我们的扶贫模式主要由政府主导，但长期发展下去，这不仅不利于资本及其他生产要素的自由流动，还影响到市场配置资源功能的发挥。对于脱贫地区而言，产业发展情况是彻底摆脱贫困的关键，而产业发展如何最终要由市场来决定。目前，许多地方的扶贫产业缺乏特色，同质化现象严重，难以满足市场多元化的需求。因此，衔接过渡期要重视市场配置资源的作用，积极引导市场参与，加强市场机制作用的发挥。

一是培育和增强农村脱贫人口的市场意识。政府通过提供技能培训，和用人企业直接对接，让脱贫人口多接触市场，提高市场适应能力和竞争能力。二是加大发展脱贫地区新型农业经营主体的力度。新型农业经营主体的培育和发展情况好坏决定着巩固拓展脱贫攻坚成果的成败以及乡村产业振兴能否顺利实现。目前，脱贫地区新型职业农民少，农业龙头企业、家庭农场规模不大，新型农业经营主体对脱贫地区乡村振兴支撑和带动作用不强。政府应着力为新型农业经营主体（如农民专业合作社、家庭农场等）降低经营成本，同时加强农民创业能力培训，引导社会资本参与涉农产业，鼓励农民工返乡创业，营造农村创业创新氛围。三是将改善农村营商环境作为政府绩效考核的重点。农村营商环境的改善包括农村政务服务质量的提升、农村物流体系的完善、农村要素市场的健全等。政府可以将对干部巩固拓展脱贫攻坚成果工作的考核重点放到营商环境的改善上来，快速推进城乡公共服务均等化、政府管理服务质量提升和农村市场体系的完善。四是积极引导全社会参与到巩固脱贫攻坚成果和乡村振兴中去。推进乡村振兴不仅是政府的事、涉农企业和农民的事，也是全社会的事。政府应引导科研部门加大农业科技方面的研发力度，加快农业科研转化，推动产学研在农业领域的联动，并鼓励农业科研人员到农村创业。政府应鼓励保险行业创新涉农险种，提高对农保障水平。同时，政府可以通过直接出资为贫困户购买保险，为新型良种的推广提供政策性保险等，提高保险行业助农积极性。

7.1.4　发挥社会驱动力

在很长一段时间里，由于人口流动和城镇化的推进，农村空心化问题日益严重，产生了诸如留守儿童、空巢老人等诸多社会问题，是农村实现良好治理的痛点堵点。发展和建设社会组织可以填补农村空白，重构农村社会关系，改善基层治理。参与乡村振兴，既是社会组织应尽的责任与义务，也是社会组织成长发展的重要途径和广阔舞台。国家要充分发挥社会组织的"毛细血管"作用，广泛动员引导社会组织参与乡村建设，使社会组织在提供职业教育、技能培训、公益项目、产业扶持等诸多方面发挥积极作用，努力增强脱贫地区的自我发展能力。一方面，民营企业应增强社会责任感，在追求企业利润的同时，创造就业岗位，参与公共事业活动，让群众参与就业和创收，实现整体效益最大化。另一方面，高校、科研院所要发挥积极作用，围绕产业发展、人才培养、乡村治理等领域，提供科技、教育培训和人才供应，为农村的发展注入活力、增添动力。社会组织应与国家乡村振兴重点帮扶县"结对子"，开展"一对一"帮扶行动，开展公益品牌行动，发挥社会组织对振兴乡村的助力作用。社会组织应通过开展专项行动，推出一系列社会组织支持与合作的重点项目，打造一系列社会组织支持乡村振兴的具体服务品牌，推广一系列社会组织参与乡村振兴、点对点支持的典型案例，广泛宣传，起到示范带动作用。

7.1.5　激发农民主体性

我们要想推动广大农民群众参与振兴乡村，为乡村振兴注入活力和动力，需要进一步完善相关的制度保障和政策扶持，探索可行机制和办法，解决广大农民群众的实际问题，如就业创业、配套设施建设、子女上学、就医看病等，免去农民的后顾之忧。国家应推进让农民享有更多文化发展成果的行动。2022年中央一号文件强调，创新实施文化惠民工程，推动城乡公共文化服务一体化建设。公共文化服务必须从消费者的角度思考，充分重视农民的需求，切实提高公共服务均等化和优质化水平。特别需要注意的是，这种基本公共服务是满足农民不同层面的需求，既要重视标准化，又要考虑差异化，因地制宜、稳扎稳打，实现功能衔接互补，而不是搞"一窝蜂"式的运动。国家应构建数字化农村公共文化服务体系，加快为农民群众提供一站式数字文化服务；促进农村公共文化服务与文化产业、旅游产业融合发展，健全完善群众的利益共享机制，解决好人民群众的"急难愁盼"难题；大力推进规划、教育、医疗、产业下乡，着力全民共享，让每位农民享有更优质的教育、更高水平的收入、更完善的医疗卫生服务、更舒适的居住环境、更丰盈的精神文化生活，真正创造高品质生活。

7.2　内容衔接：五大内容协同促进提质升级

在脱贫攻坚时期，国家通过发展生产、易地扶贫搬迁、生态补偿、发展教育与社会保障这"五个一批"的帮扶政策，很大程度上补齐了农村发展的弱项和短板。乡村振兴战略的"五个振兴"的总要求正是对"五个一批"的提质与升级。因此，我们要推进"五个一批"同"五个振兴"一一对接，从而巩固脱贫攻坚成果、稳步推进乡村振兴。

7.2.1　从产业扶贫到产业振兴：构建湖南省乡村产业体系

产业振兴是精准扶贫与乡村振兴有效衔接的经济基础。湖南省乡村振兴局数据显示，湖南省建档立卡贫困人口中，90%以上得到了产业及就业扶贫支持，2/3 以上贫困人口主要靠外出务工、发展产业脱贫，贫困地区"扶贫车间"建设数量累计 3 000 多个，实现了 4.8 万贫困人口就近就业、家门口就业。从精准扶贫到乡村振兴，我们需要在扶贫产业发展的基础上，进一步完善产业体系，实现乡村产业振兴。总体来说，乡村产业振兴需要整合地方资源，结合各地的区域特色，按照"一村一品、一县一业"的要求，强化传统农业转型升级；依托电商营销平台，立足市场需求变化，发展规模化生产；依托本地特色，发展农业产业新业态、新模式，提升产业发展水平和发展质量。

第一，以"一县一品"为取向，优化湖南省特色农产品品种结构。优化湖南省特色农产品品种结构对指导湖南省各地充分利用资源比较优势，发展特色农业，引导特色农产品向最适宜区集中，加快培育优势产区，促进农业区域特色分工，形成科学合理的农业生产力布局具有重大意义。一是制定湖南省特色农产品区域布局规划。湖南省调整特色农产品品种范围和优势区布局。湖南省以县为单位，采取政府引导与市场运作相结合的方式，深度调查和挖掘县域特色资源潜力，加快培育一批特色鲜明、类型多样、竞争力强的知名企业品牌和专业村镇，加快培育特色农产品知名品牌和优势产区，打造现代特色农业产业链，逐步形成合理的区域分工和专业化生产格局。二是根据特色农产品区域布局规划优化支持政策。湖南省根据特色农产品区域布局规划，完善省级特色农业支持政策，明确要求省级特色农业发展扶持资金只能支持湖南省特色农产品区域布局规划确定的特色农产品品种。三是开展省级特色农业发展扶持资金使用绩效考核。湖南省邀请第三方定期对各县的省级特色农业发展扶持资金使用情况进行绩效评估，对资金使用规范、扶持效果明显的县进行奖励；对违规使用、平均主义分配到各大产业的县（市、区）进行通报批评，并取消未来申请省级特色农业扶持资金的资格。

第二，大力推进农产品加工，夯实乡村产业振兴基础。近年来，湖南省虽然农村产业发展较快，实现了增收，但审视其发展样态，产业链条较短、产品附加值较低等问题依然存在。因此，在实现脱贫与振兴对接、由增产转向提质的过程中，湖南省需要大力发展农产品初级加工、精深加工，依托先进科学技术，提升农产品附加值，推动三产融合。一是发展农产品初级加工。湖南省鼓励、支持包括农民、家庭农场、农民合作社等经营主体发展简单的初级加工，如保鲜、分级、包装等，为农产品后续加工及进入终端市场做好准备。湖南省鼓励、引导发展粮变粉、肉变肠、奶变酪、果变汁等初级加工产品，将更多的产业链增益留给农民。二是大力发展农产品精深加工。湖南省鼓励、引导资本及龙头企业在有条件的地区建立标准化、绿色化精深加工基地，支持技术创新，研发加工技术装备，提升加工深度，增加精深加工产品的种类及产品附加值，使产业链有效延长、价值链进一步提升、利益链更为完善。三是建设农产品加工园区。湖南省按照"农头工尾""粮头食尾"的要求，引导建设地方性、特色性农产品加工园，完善纵向到底的四级农产品加工体系，构筑乡村产业振兴新的增长极。

第三，着力发展乡村特色产业，培育乡土特色品牌。当前，我国乡村的产业虽然得到了一定程度的发展，但产业同质化严重成为突出问题。区域内同质竞争，不仅不利于资源的有效配置和调度，也不利于群众增收。分析这些问题，我们可以发现这些问题是由多种合力共同造成的：一是地方对特色资源的挖掘不够深、定位不清晰，导致盲目跟风投资建设；二是农民受教育程度低，缺乏懂农业、市场、技术的复合型人才；三是品牌意识不强，导致市场竞争力不够。因此，我们要想解决产业同质化等严重问题，首先就要明晰方向、选对产业，认识到"特"是一种资源禀赋，盲目跟风、随意嫁接是不可取的，否则就如无源之水、无本之木，不仅造成产量过剩、资源浪费，自身亦缺乏发展活力，并且后劲不足。湖南省要着力抓源头、重规划，减少资源浪费，高水平开发特色资源，实现农村产业健康、有序发展。其次，湖南省要探索建立农民教育和培训体系，重视职业教育，培养更多兼具农业知识、信息技术、善于经营、敢于创新的新型职业农民，培育中坚力量。最后，湖南省要重视品牌培育，打响一批"土字号""乡字号"特色产品品牌，增加产品附加值，增强市场竞争力。

第四，培育壮大龙头企业，完善联农带农机制。产业扶贫、产业增收是增强贫困地区脱贫可持续与稳定性的关键，同时也是稳步振兴乡村的经济基础。当前，贫困地区产业基础较为薄弱、市场抗风险能力不高。转变传统农业发展方式、实现产业结构优化调整，需要依托龙头企业，推进农业高质量、高效率的绿色发展变革，拓展农业发展的深度、广度。首先，湖南省要引导各地培育一批集基地、加工、品牌于一体的新型龙头企业，组织国家重点龙头企业与贫困地区的合作，村企互利共赢，构建乡村产业"新雁阵"。湖南省要依靠龙头企业的资金、信息、管理、技术优势，更好发挥乡村特色资源优势，提高产品附加值，在更大范围内实现资源的价值。其次，湖南省要完善联农带农机制，发展生产性服务业、"龙头企业+合作社+贫困户"等多种形式，推广多种新型利益联结方式。例如，对贫困户的产品实行订单收购，既确保了农产品的销售，也杜绝了资源的多余投入与无效浪费。对农户的土地进行流转承包，实现了农业产业的规模化。分红或优先雇用这些农户，使这些农户既实现了创收，也增加了在家门口就业的机会，农民可以留在乡村、建设乡村。

第五，发挥地理优势，不断拓展特色农产品生产立体耕地空间。湖南省既有丘陵与山区，也有大江大湖和平原，地理结构复杂，呈现出农业发展区域差异性与发展路径多元性。但是，湖南省人均只有七八分地（约500平方米），尤其是山区人均只有三四分地（约230平方米）。这不仅是湖南省农业发展的最大短板与最大约束，也是农业高质量发展的重点和难点所在。因此，湖南省应该充分发挥地理条件多元的优势，积极拓展特色农业生产空间，同时补齐人均耕地面积不足这一短板。一是向"四荒"地拓展特色农业生产空间。湖南省应建立健全统一的区域自然资源资产交易平台，鼓励通过土地流转以及招标、拍卖、公开协商等方式，合法流转集体所有荒山、荒丘、荒地、荒沙、荒滩等未利用地经营权，引导市场主体利用"四荒"地发展特色农业。二是向水域拓展特色农业生产空间。湖南省应因地制宜、科学谋划、主动作为，借鉴与推广成功经验，提高对水面生态渔业的科学认识，特别是渔业在保水、净水与水域生态修复中的作用；加强部门间、产学研间的专业协作，科学规划，综合施策；发挥本地龙头企业的引领作用，借鉴千岛湖、查干湖等经验，引进先进成熟的养殖模式与技术；提升科技支撑能力，加强大水面鱼品品牌建设，促进三次产业融合发展。三是向林地拓展特色农业生产空间。湖南省应完善资源管理政策，鼓励利用各类适宜林地发展木本粮油和林下经济，加强森林经营，提高林业草原产业经济效益，高质量发展特色林业产业，大力发展林下经济；加快发展全域生态旅游，加强培育龙头企业，推动创建产业品牌；大力开拓销售市场，延长产业链，全力助推乡村振兴；科学扩大木本粮油产业规模，将油茶作为食用植物油发展的主力军之一，在适生条件良好、产业发展具备一定基础和较大潜力的县（市、区）打造油茶产业融合发展优势区；积极发展林下种养殖及相关产业，鼓励推进食品加工、林药产业、精细化工、动物饲料等精深加工和副产品开发。

7.2.2 从人才扶贫到人才振兴：建设湖南省乡村振兴人才队伍

人才振兴是精准扶贫与乡村振兴有效衔接的关键因素。人才资源和人力支持是五年衔接过渡期内进一步巩固拓展脱贫攻坚成果、推进乡村全面振兴的重要抓手。针对当前乡村发展中人才底子薄、差距大、困难多的问题以及乡村人才"回流难、引流慢、固流效果不明显"的现实困境，我们应当从外部引才与内部激活两大方向去思考如何补上乡村振兴中人才要素的短板，强化乡村的人才支撑和人力支持，为脱贫攻坚与乡村振兴的有效衔接注入强大的人才动能。

7.2.2.1 外部引才：加强乡村人才引进的政策创设

乡村本土人才不愿回归、外来人才不愿留下，这在本质上是乡村人才引进中的市场失灵问题。这就需要政府释放政策红利，通过完善相关的乡村人才供给政策，建立健全相应的人才引进与培养机制，以消除市场失灵，使外部引才真正能够为乡村纾解人才困境。

一是要做好从脱贫到振兴的政策衔接，确保驻村扶贫人才队伍的整体稳定。当前，我们虽然已经完成了脱贫攻坚任务，但是中央明确要求脱贫之后仍然要做到"四个不摘"，其中非常重要的一点就是乡村的人才支撑和人力帮扶不能"到站下车"。也就是说，在两大战略的五年衔接过渡期内，我们要保持脱贫攻坚时期驻村帮扶的人才队伍的整体稳定性，而且还应当根据乡村振兴战略实施中各地区的差异，向一些重点县、重点村庄继续选派驻村第一书记和驻村帮扶工作队伍；同时，还需要借鉴脱贫攻坚阶段在乡村人才培育上的宝贵经验和做法，继续深化东西部协作扶贫、继续加强区域间的合作交流、继续健全引导人才下沉基层的激励机制。

二是要完善相关体制机制、创新人才引进方式，做好乡村"筑巢引凤"、招才引智工作。各地方政府应当将乡村人才引进工作作为乡村振兴的重点工作优先推进，在政策创设上应当明确人才优先的施政导向，畅通人才下乡的制度通道、完善人才振兴的政策体系。各地方政府应因地制宜地建立健全人才引进的投入机制、培养机制、评价机制、激励机制，在引进人才的工作安排、职业发展、基本待遇、住房保障、子女教育、公共服务等方面形成成熟定型的长效政策措施，确保外来人才引得进、留得住，后续保障措施能够落实落细。同时，各地方政府应创新乡村人才引进方式，完善区域间人才协作机制，创新人才柔性引进办法；通过与科研院所、高等院校、党政机关的战略合作，加强农技推广、农业科研等专业人才队伍建设；鼓励高校毕业生、回乡返乡青年、退役退伍军人等回归家乡，投身乡村建设，推动乡村人才振兴。

7.2.2.2 内部激活：发挥好本土农民的主体性作用

乡村的脱贫与振兴需要外来人才的帮扶，但是也不能完全依靠外部的单向输入，特别是在乡村人才总量不足又"引不来、留不下"的情况下，必须重视激活乡村内部的人力资源，发挥本土"中坚农民"的主力军作用。这就要求我们必须充分尊重农民的主体地位和首创精神。回顾建党100多年以来，特别是改革开放40多年以来中国农业农村发展的光辉历程和伟业，我们可以发现，农民群众始终是建设农业农村的决定性力量和主体性力量。中国的新民主主义革命是团结农民群众从农村起步的，中国的改革开放同样是依靠农民率先从农村拉开帷幕的。在中国波澜壮阔的农村改革发展历程中，像家庭联产承包责任制、农村村民自治制度等一系列很好的经验和做法，都是农民自己探索并创造出来的。为此，在脱贫攻坚与乡村振兴的衔接过渡时期，我们应当按照内生型发展理论的要求，注意培育和发挥本土"中坚农民"的主体性作用，激发内生动力，再造村社，久久为功。

一是要处理好政府主导与农民主体的关系。基于脱贫攻坚的经验，实现巩固拓展脱贫攻坚成果与乡村振兴的有效衔接，最重要的一条就是要处理好政府主导与农民主体的关系。从脱贫到振兴，政府扮演支持、帮助和引导的角色而不是代替贫困户做决策。政府必须充分尊重农民的主体地位和首创精神，在回应农民群众意见和意愿的基础上，精准施策、因户施策，才能实现强村富民。为此，政府应通过强化制度建设激发农民的主体活力。简言之，广大农村要在农村基层党组织的全面领导下，以自治、法治、德治为统领，进一步完善乡村治理体系、探索基层协商民主路径、加强农村群众自治建设、健全村民监督机制、创新村民议事形式、落实群众知情权和决策权、充分发挥贫困户脱贫振兴的主体作用。

二是要注意把农民组织起来参与到乡村振兴中去。农民群众是接续推进脱贫地区乡村全面振兴的建设主体和中坚力量。也就是说，乡村振兴要以亿万农民群众为主体，但必须是组织起来的农民，而不能是单个的原子化的农民或个体农户。进一步来讲，乡村振兴要发挥农民的主体作用，要调动农民的积极性，就必须组织农民，将自上而下的惠农资源、惠农政策的投入和供给与农民组织能力的提升结合起来。那么，究竟如何组织农民？组织农民的最重要的主体力量就是"中坚农民"，他们是担任村干部的最佳选择，是乡村振兴的可靠力量。乡村振兴应当重点支持和依靠"中坚农民"，充分发挥他们的作用。同时，乡村振兴要将农民组织起来，不仅要依靠"中坚农民"，而且要充分调动农村的低龄老年人的力量。在当前，缺少城市就业机会的农村低龄老年人大都愿意返乡种田。在农业普遍实现机械化的背景下，将低龄老年人组织起来，政府就可以发展农村互助养老，就可能形成低成本、高质量的应对老年化的中国方案。这也是积极应对"十四五"时期日趋严重的人口老龄化挑战的重要探索。此外，组织起来的低龄老年人还可以推进乡村文化建设、再造村社集体、构建村庄主导的治理机制。

7.2.3　从文化扶贫到文化振兴：厚植湖南省乡风文明的精神沃土

精准扶贫与乡村振兴的精神衔接在于文化振兴。我们要充分认识到文化精神内核的重要性，并强力激发文化对实现两者有效衔接的引领作用，巩固文化扶贫阵地，延长文化扶贫产业链，拓宽文化振兴领域，丰富扶智扶志形式。我们要注重强化农村乡风文明建设和公共文化建设，以社会主义核心价值观为引领，深挖根植于优秀传统农耕文化的思想观念和人文精神，培育文明乡风、良好家风和淳朴民风，守护农民的精神家园，提高农民的精神境界，增强农民的文化认同感，促进农村社会文明程度的提高。

一是要以精神文明建设为抓手，加快乡风文明培育。乡风文明既是全面脱贫的重要推动力量，又是乡村振兴的重要内容，关涉贫困群体的精神需求，是软件建设和灵魂工程。脱贫攻坚和乡村振兴两大战略的衔接过渡与接续推进乡村全面振兴，必须要更加注重加强乡村文化建设，培育乡村文明新风尚，构筑起摆脱绝对贫困的农民群体迈向振兴的精神家园。为此，我们要以提升乡风文明程度为目标，传承优秀的乡土文化以滋养民心。当前，最重要的就是要体现农村特点，注意乡土味道，让人们记得住乡愁，通过现代化的技术手段、丰富活泼的活动方式等实现乡土文化的创造性传承转化；同时，发挥好社会主义核心价值观的引领作用。我们要以提升农民素质为目标，体现农民本位和农民主体性，紧紧围绕农民群众的需求加强乡村文化建设。政府要在乡村文化服务供给中扮演好掌舵者的角色，通过财政杠杆作用，有效撬动社会组织和社会资本的力量，构建多元主体共建共治共享的乡村公共文化服务供给格局，满足广大农民群众的多样化文化需求。

二是要特别注意培育农民自身的文化主体性。培育农民文化主体性的核心意义在于激活乡村和农民自身的价值，让农民从精神上和心理上焕发生机、充满斗志，进而形成文化自觉、树立文化自信、具有文化创造力。刘易斯（Lewis，1966）首先提出了"文化贫困"的概念，其意在强调形成于贫困环境中的价值观念、文化心理等形塑着贫困人口的生活并加剧了贫困。这一理论表明，实现巩固脱贫攻坚成果与乡村振兴有效衔接应当着眼农民文化建设现状，紧紧围绕农民群众的需求加强乡村文化建设，促进2020年后的长效治贫机制向更加注重和突出扶智扶志与精神文明建设转变，切实使得农民群众的志向树立起来、主人翁意识确立起来。此外，我们还应当破除城市中心主义价值取向，摒弃盲目追求现代化的发展主义，用生态文明的思维重新审视乡村，发掘乡村自身的内在价值功能，重视乡村特有的文化在教化群众中的作用，对乡村的村落庭院、民俗文化、乡规民约、德孝家风、民间文艺等的生产价值、生态价值、教化功能进行现代化的创造性转换，以传承优秀的乡土文化来滋养民心。

三是要在脱贫向振兴的转变中将扶智扶志与内生动力激发继续引向深入。当前，最为紧要的是继续将精神扶贫与精神脱贫政策引向深入，推动扶志扶智与乡村振兴有效衔接。能否实现从全面脱贫迈向全面振兴，首先要看有无脱贫致富的意志和信心以及勤劳实干的行动和努力。乡村贫困治理应在物质帮扶的同时，更加关注精神扶贫、精神脱贫，不断培育农村经济社会发展的内源性动力，切实增强防贫治贫的主动性和能力。因此，在缓解相对贫困过程中，扶贫先扶志，扶贫必扶智，国家必须推动教育文化扶贫和智志双扶与强化乡村人才振兴相互贯通、有机融合。国家通过开展职业技能教育、培养乡村致富带头人、培育新型职业农民、实施乡村电商人才培养工程等措施，着力提升贫困人口的文化素质和科学知识水平，给农民赋能，着力培养贫困人口自我发展、自我管理和自我服务的内源性发展能力，切实增强困难群众参与乡村发展和治理的能力。同时，国家还要着力调动脱贫农户的积极性、主动性和创造性。针对脱贫攻坚中存在的"等、靠、要"等依赖思想问题，国家要充分发挥村级党支部在政治引导、思想教化、组织宣传上的政治优势，通过加强对典型个人和事迹的宣传引领、开展乡村振兴农民讲习所等形式多样的活动，逐步引导贫困群众改变观念、坚定脱贫信心、点燃致富理想，变"要我脱贫致富奔小康"为"我要脱贫致富奔小康"。国家还应将扶贫方式由"输血式"扶贫转化为"造血式"扶贫，鼓励贫困劳动力自己动手、勤劳致富；积极开展实用技术培训，采取"听得懂、学得会、能管用"的培训方式，让有劳动能力的贫困户不断增强就业技能和致富本领。

四是要充分发挥好乡土文化自身的价值功能，让乡村成为安居乐业的美丽家园。乡村是中华文明之根、中国文化之魂、中国人共同的故乡，是农业生产的载体、人们情感的皈依、城市发展的镜像、文化传承的纽带，是劳动力的蓄水池、社会的稳定器、现代化的压舱石。国家要增强乡村发展的内源性动力，实现从脱贫向振兴的转变，就必须扎根乡土本身、向里向内用力，高度重视乡村自身特有的价值和文化在凝聚人心、教化群众、淳化民风中的功能和作用。国家应充分发挥乡土村落的农业生产功能、生态功能、生活功能和教化功能等，大力弘扬乡间蕴藏的礼乐孝道文化、互助亲情文化、耕读传家文化、农耕节气文化、民间艺术文化、乡土田园文化等优秀传统乡土文化，并促进其现代化转换，以传承和再造乡村价值，让人们望得见山水、记得住乡愁。

7.2.4 从生态扶贫到生态振兴：培育湖南省生态农业

精准扶贫与乡村振兴的环境衔接在于生态振兴。湖南省80%以上的贫困县，地处生态脆弱区。自2015年以来，湖南省通过实施易地扶贫搬迁政策，将数以千万计的人口从自然条件恶劣、发展环境脆弱、不适宜人类居住的深度贫困地区迁出，搬入邻近的村落社区，并充分帮助他们就业。在大湘西地区，具备劳动能力的贫困人口中有超过十万人被选聘为生态护林员，"砍柴人"变成"护林员""牧羊人"变成"护草员"。湖南省成功探索出一条实现脱贫和生态保护双赢的生态友好型减贫路径。国家要实现乡村生态振兴，就要继续坚持保护优先、绿色发展，立足农村生态优势，践行"绿水青山就是金山银山"理念，让良好生态成为乡村振兴的支撑点。

第一，加强基础设施建设。生态振兴应加强基础设施建设，统筹山、水、林、田、湖、草原的保护。政府加强对农村资源和环境的保护，全面改善农村环境。根据农村的实际情况，政府通过各种方式建立和完善生活垃圾的收集、运输和处理体系，包括农村公共厕所的合理布局和卫生管理等设施建设。政府努力消除农村的工业垃圾和村庄周边垃圾、污水排放等主要污染问题，加大资金投入力度，发扬钉钉子精神，统筹推进农村污水处理、生活垃圾处理、饮水卫生、畜禽粪便大规模利用等工作，实现环境保护和经济发展的双赢。

第二，推动美丽乡村建设。生态振兴要保护好山清水秀、天蓝地绿的田园风光，保护独特的景观和乡村风貌，加强开发当地的文化资源，如历史遗迹、人文风情和古村落的民俗传统，并为积极发展乡村旅游提出想法和倡议。政府优化开发规划，将自然景观转化为旅游产业，农业与乡村旅游、加工业、文化和体育以及卫生和社会服务紧密相连。政府打造具有历史文化底蕴和自然景观的特色村落群，打造生动的休闲旅游村，因地制宜发展休闲体验和旅游型有机农业，提高农业效益，增加农民收入，促进美丽乡村建设。

7.2.5 从组织建设到组织振兴：完善湖南省乡村治理体系

基层党组织是实施乡村振兴战略的"主心骨"，实现脱贫致富，基层党组织的引领作用至关重要。在脱贫攻坚中，不少贫困地区将党建工作与扶贫开发有效结合，促进两者良性互动、共同发展。在过渡期，基层党组织要切实加强建设，切实提升基层组织的向心力、战斗力、吸引力、组织力、号召力，充分发挥桥梁纽带作用，巩固党的执政基础，将广大人民群众有效组织团结起来，汇聚成投身乡村建设的伟大力量，为振兴乡村提供坚强的政治、组织保障。

第一，充实打造村"两委"队伍。湖南省大力选拔优秀人才进入村"两委"队伍，着力培养产业带头人、种养大户、大学毕业生等后备力量，通过岗位锻炼、轮岗培训等方式，多措并举，改善村干部队伍结构，选优配强村级班子，发挥"头雁"效应。湖南省摸底排查村"两委"建设情况，做好人才储备工作，对干部实行精准选拔、全面培养、差异化教育、严格考察，不拘一格降人才，突出实绩导向。

第二，加强基层党组织规范化建设。湖南省加强基层党支部制度建设，完善组织网络管理，抓好党小组与其他群众组织的嵌入融合工作，充分发挥基层党组织的战斗堡垒作用，实现村民自治组织的良性运转。湖南省加强基层党支部阵地建设，建设好村党支部，完善农民夜校、图书室、农家书屋、活动室、卫生室、篮球场、文化教育、健身娱乐等设施，设置党务、村务公开宣传栏。

第三，推进"智慧党建"建设。网络信息技术日新月异，为更好地应对信息时代的新形势，国家应加快推进"智慧党建"，创新工作平台和手段。依托在线学习平台，党员可以实时获取相关党建信息和资源，不仅拓宽了党员的自我学习提升路径，也有利于提高工作的质量和效率。在线学习、在线会议等形式，线上线下相结合，便于为人民群众提供更优质、及时的服务。

第四，以农民群众答应不答应、高兴不高兴、满意不满意作为衡量乡村治理成效的根本尺度。乡村治理是国家治理体系的重要组成部分，乡村治理的好坏不仅决定着乡村社会的发展、繁荣和稳定，也体现了国家治理的整体水平。2019年全国"两会"期间，习近平总书记在参加广东代表团审议时指出："共产党就是为人民谋幸福的，人民群众什么方面感觉不幸福、不快乐、不满意，我们就在哪方面下功夫，千方百计为群众排忧解难。"同样，在推进乡村治理中，政府也必须以农民群众答应不答应、高兴不高兴、满意不满意作为衡量治理成效的根本尺度。一是构建以人民群众为主体的乡村治理考评机制。政府应将"执政为民"这一党和国家的大政方针在广大乡村地区很好地进行贯彻落实，让广大人民群众成为乡村治理考评的参与者和评判者，以突破个别领导说了算的误区。政府应定期开展乡村治理农民群众满意度调查，引入人民群众评判机制，持续开展村干部和乡镇干部工作情况群众满意度调查，进一步考准考实村干部和乡镇干部工作成效，激发群众参与乡村治理的积极性。政府应将农民群众满意作为村干部和乡镇干部推选"两代表一委员"、评优评先和连任的关键指标。在具体形式上，政府可以采取"民意调查+大会评议"、全民评议和大会评价等形式。二是探索引进第三方专业机构和社会中介组织进行乡村治理成效评估。政府应建立以"民意"为导向的多元化绩效考核目标体系，并将该体系在村民代表中征求意见；引进高等院校、社会中介组织定期对乡村治理绩效考核目标完成情况进行评估，并将考核结果在人民群众中进行公示。

第五，赋予农民充分的话语权和自主权。在乡村治理过程中，农民才是乡村振兴的主体，农民必须拥有话语权和自主权。一是畅通农民利益诉求表达渠道，维护好农民群众的合法权益。相关部门应着力探索推行领导干部特别是市

（县）领导干部定期下基层接访制度，积极化解信访积案；组织开展"一村一法律顾问"等形式多样的法律服务；坚持和发展新时代"枫桥经验"，做到小事不出村、大事不出乡、矛盾不上交。二是赋予农民更多的自主权。对农民是否愿意流转土地、是否愿意集中居住、产业发展方向如何确定等，相关部门应广泛征求农民的意愿和建议，让农民成为乡村振兴的参与者、获益者。乡村振兴不是把农民赶上楼、赶进城，不是政府决定农民发展什么产业。三是赋予农民乡村文化选择和建设的权利。对强化农民在乡村文化建设和传承中的主体地位，政府不能用行政手段强迫农民接收所谓的"先进文化"，要尊重农民的传统文化观念，不断挖掘具有地域特色的传统农耕文化资源，让地域特色义化成为乡村振兴的特色资源。政府应构建保障农民乡村文化建设主体地位的长效机制，给予农民更多的乡村文化建设参与权、话语权和表达权，调动农民参与乡村文化建设的积极性、主动性和创造性。

7.3　工具衔接：多维工具集成提供衔接保障

7.3.1　观念理念有效衔接

做好观念理念衔接，为实现脱贫攻坚和乡村振兴两大战略有效衔接奠定了思想基础。一是继续传承并发扬精准理念。脱贫攻坚战的胜利，充分体现了精准理念的科学适用性。湖南省农业分散经营管理、村落之间分布较为零散、个体呈现原子化的生活状态，外来的扶贫资源、要素投入在进入农村社会时，不仅交易成本高，还带来了"精英俘获"问题。极少数精英群体凭借自身优势，占有甚至挪用扶贫资源，这些精英群体包括村庄能人、种植大户、村干部等，使得贫困人口被边缘化而受益有限，甚至被直接排除在外。长此以往，可能致使矛盾累积，不利于基层社会的稳定有序，这也促使扶贫策略向精准发力。针对以往贫困对象识别不准、贫困程度识别不明、扶贫资金监管不力等问题，2013 年精准扶贫方略的形成以及 2015 年打赢脱贫攻坚战的提出，不仅是对以往传统扶贫治理方式的改变和创新，也是推动农业农村工作全面深化改革的过程。国家通过"五个一批"等方式和分类施策，实现了对农村产业、治理体系、资源配置整合等多个方面的重构和农村贫困问题的全面解决。精准扶贫强调扶贫全过程的精准，严格把控贫困人口识别测度的程序，深入摸底排查，对确实符合贫困标准的，要调查清楚致贫原因，并建档立卡、记录在册，以便动态管理，为后续因户施策、分类指导的精确帮扶打好基础。除了精确识别和帮扶之外，精确管理也是精准扶贫的重要保障。精确管理不仅包括对贫困户信息的动态更新，严格扶贫资金的管理和监督，也明确了省、市、县的扶贫事权，目标、任务、资金和权责更为清晰。乡村振兴阶段依然要传承发扬精准理念，防止"大水漫灌"，坚持精准衔接、分类施策，进一步巩固脱贫攻坚成果，推动乡村全面振兴。

二是推动贫困人口发展观念的转变，由"被动扶"到"主动兴"。在过去，湖南省的扶贫开发工作注重对贫困对象开展全方位帮扶，形成了组织、资金、人才、政策等要素投入相对完备的帮扶体系，脱贫攻坚也因此取得了显著的成果。然而，这种帮扶理念并不适用于推进乡村振兴。一方面，不同于脱贫攻坚，乡村振兴面临的对象和范围是全部农村地区的整个农民群体，目标是实现乡村的全面振兴，全方位的帮扶显然不符合实际。另一方面，全方位的帮扶使贫困人口长期处于被动的地位，容易产生对政策、政府的依赖心理，不仅不利于贫困人口的自我发展和提升，也不利于脱贫成果的可持续和乡村振兴的进一步推进。因此，实现脱贫攻坚有效对接乡村振兴，必须推动贫困人口发展观念的转变。一方面，扶贫先扶志。相关部门应依托"农民夜校"、扶贫脱贫"讲习所"，开展扶志教育活动；尊重农民的主体地位，激发农民的积极性和主观能动性，帮助农民树立自主脱贫致富的信心。另一方面，扶贫必扶智。相关部门应加强科技示范工作站、农业创新驿站等平台的建设，不断提升农民的科学文化素质，提升自主脱贫致富的能力。

7.3.2 发展规划有效衔接

做好发展规划衔接，为实现脱贫攻坚和乡村振兴两大战略有效衔接提供指导路径。自党的十九大提出实施乡村振兴战略以来，国家出台了乡村振兴战略第一个五年规划，明确了到实现第一个百年奋斗目标、党的二十大召开的目标任务，对乡村振兴战略的实施作出了阶段性的谋划。国家"十四五"规划明确提出"有效发展农业农村，全面推进乡村振兴"，提出强化新型工农城乡关系，推动三产融合、提高农业效益和竞争力，进一步深化农村改革，实施乡村建设行动，同时再一次将减贫战略纳入规划之中。发展规划的衔接要做好时序内容安排，在明晰脱贫攻坚的短期性、乡村振兴的长期性之间关系的基础上，既谋划顶层设计，又做好具体规划，有效发挥战略保障作用。国家应继续将脱贫攻坚成果的巩固、相对贫困的缓解与治理等目标纳入乡村振兴战略第二个五年规划之中，做好梯次阶段性安排。从宏观战略出发，国家要将有利于脱贫攻坚成果巩固的措施继续纳入乡村振兴战略中，统筹建设、整体推进。例如，农村产业发展规划、搬迁后社区的建设、包括基础设施在内的公共服务的提档升级等。着眼于微观，国家需要制定具体的专项规划，细化实施方案及衔接细则。在乡村振兴战略统筹安排下，国家要清晰准确地制订适应当地情况的过渡计划，将脱贫攻坚成果巩固纳入乡村振兴的战略计划或实施方案之中，以加强后续支持，取得长期效果。国家要与各类专项规划、行业规划相衔接，统筹考虑土地利用、产业发展、住房、人居环境改善、生态保护、历史文化遗产等，注重保护乡村形象，制定各地乡村振兴规划。

7.3.3 体制机制有效衔接

做好体制机制衔接，为实现脱贫攻坚和乡村振兴两大战略有效衔接提供坚强保障。自精准扶贫方略提出和实施以来，中国的扶贫开发围绕扶持的对象、主体、方式以及贫困退出问题，探索建立了系统的、科学的扶贫制度体系。其涵盖责任分工、工作机制、要素投入、政策保障、社会动员、监督考核评估等多项体系，实现了对贫困户精准识别到严格退出的全链条管理，将扶贫资源精准"滴灌"至每家每户。深入推进实施乡村振兴战略时，体制机制应借鉴脱贫攻坚形成的领导体制和工作机制，建立健全制度体系。

第一，健全乡村振兴推进体制机制。全面推进乡村振兴是一项系统工程，具有典型的"条块结合"的特征，需要全党全社会总动员、各部门各地方齐发力。因此，相关部门要贯彻落实"五级书记"负责制，借鉴脱贫攻坚经验，结合《中国共产党农村工作条例》和《中华人民共和国乡村振兴促进法》，将推进乡村振兴实效纳入实绩考核，压实全面推进乡村振兴的主体责任，加快形成上下贯通、精准施策的乡村振兴工作体系，以更有力的举措、汇聚更强大的力量全面推进乡村振兴。

第二，健全防返贫动态监测帮扶机制。脱贫之后，由于抗风险能力弱、自我发展能力弱，部分农户仍存在脆弱性返贫风险和冲击性致贫风险。一方面，相关部门应聚焦脱贫不稳定户、边缘户群体，同时将有返贫风险的农户纳入全国扶贫开发信息系统的监测范围，实时监测预警，便于及时帮扶，建立防返贫长效机制，严格落实"四个不摘"，进一步强化综合性社会保障措施。另一方面，就对突发风险有一定应对能力的监测群体而言，相关部门主要采取开发式的帮扶措施，如帮助发展产业、提供就业岗位等，为推进巩固脱贫攻坚成果与乡村振兴战略有效衔接打下坚实基础。

第三，健全衔接考核评估机制。相关部门要研究制定脱贫攻坚的考核评价体系，涵盖城市与农村，包括监测规划实施进展的若干标准和指标体系，并加强考核结果的应用，把评价结果作为领导干部选拔任用、评先评优、监督问责的重要参考。相关部门应将农民群众的满意度作为考核的重要标准，从广大农民群众的获得感出发，落实目标责任制，总结评估《乡村振兴战略规划（2018—2022年）》实施效果，推动如期完成目标任务。相关部门应建立乡村振兴表彰激励制度，对实施进展和成效进行评估，对乡村振兴重点工作成效明显的地方给予激励，对成效不明显的地方要剖析问题和原因，并完善改进，引导各地开展现场观摩、交流学习等活动。

7.3.4 突出农民增收有效衔接

当前，尽管农村居民收入增长速度总体上在不断提升，但整体的收入水平仍然偏低。特别是脱贫地区发展基础薄弱，受经济下行压力等因素的影响，农民收入的不确定性增大。共同富裕是社会主义的本质要求，是全面现代化的重要特征。习近平总书记强调："农业农村工作，说一千、道一万，增加农民收入是关键。"如果农民收入得不到增加，农民生活得不到改善，不仅实现共同富裕将成为一句空话，而且乡村振兴也难以顺利推进。因此，我们必须把促进农民增收作为全面推进乡村振兴的"牛鼻子"来抓，使之成为统揽"三农"工作的主线。

第一，巩固脱贫攻坚成果，筑牢实现农民共同富裕的基础。乡村兴，则农民富。巩固拓展脱贫攻坚成果是全面推进乡村振兴的基本前提，我们要坚决守住不发生规模性返贫的底线。一是着力增加脱贫群众收入。相关部门应加大脱贫群众就业帮扶和公益性岗位开发力度，多渠道为脱贫群众创造务工机会，保证脱贫群众务工收入。二是健全社会保障兜底帮扶机制。相关部门应建立脱贫群众社会保障兜底水平稳步提高机制，确保符合社会保障兜底条件的脱贫群众的保障水平能随着经济社会发展水平的提高而实现稳步提高，增加脱贫群众的转移性收入。三是把加快脱贫县发展作为巩固脱贫攻坚成果的关键举措。只有脱贫县自身发展起来，造血能力不断增强，才能实现脱贫攻坚成果的长效巩固。相关部门应加大对脱贫县特色产业发展支持力度，建立经济较好地区与脱贫县长效帮扶机制，引导广大城市居民加大对脱贫县特色农产品的采购力度，鼓励发达地区居民选择赴脱贫县开展休闲度假、旅游观光、主题研学，激活脱贫县内生发展动力。

第二，拓展农民家庭经营性收入空间。经营性收入是农民收入的基本盘，理应成为农民收入的主要来源。但是，近年来的统计数据显示，农民经营性收入大约仅占农民收入的1/3，且增速较为缓慢。增加农民经营性收入的关键是要持续深化农业供给侧结构性改革，提高农业发展质量，实现农业高质高效，使优质特色农产品能够实现优质优价。一是加大特色农产品良种选育。相关部门应加大特色农产品种业研发投入力度，力争研发出更多口感好、产量高、抗灾能力强的优良品种。二是加大县域特色农产品冷链物流体系建设支持力度。湖南省特色农产品难以实现优质优价的一个很重要的原因是冷链物流体系建设滞后，鲜活农产品集中上市导致特色农产品在短时间内供过于求而出现价格下降，从而使得农民利益受损。因此，湖南省可以基于每个县确定的县域特色农产品，结合每个县的特色农业发展情况，加快补齐县域特色农产品冷链物流设施建设短板。三是围绕县域特色农业推进乡村产业融合发展。相关部门应以县域特色农业为根本，积极延伸县域特色农业产业链，实施"特色农业+"的产业融合发展战略；引导农民与县域特色产业链的市场主体建立利益链接机制，通过双向入股等方式建立紧密的利益连接关系，使农民也能分享县域特色产业链发展壮大带来的增值收益。

第三，促进农民更高质量更充分就业，实现工资性增收。统计数据显示，湖南省是农民工输出大省，务工收入是农民的主要收入来源，当前如何稳住并促进农民工资性收入稳步增长是实现农民增收的关键。一是助力返乡农民工返城就业。帮助返乡农民返城就业，防止因失业返贫，关系到脱贫攻坚成果的巩固。相关部门应以服务农民工就业为重点，通过主题宣传、开通农民工外出务工专列、组织专场招聘、强化政策指导服务来帮助更多的农民工顺利外出就业。二是实施以农民工为重点的职业技能提升计划。相关部门应以县为单位，组织新生代农民工参加各类职业技能培训，提高农民培训覆盖率；加大职业技能培训补贴力度，提高培训各方参与培训的积极性；积极开展创新创业培训，培养农村创业带头人。三是发展高质量县域经济，支持农村创新创业。相关部门应把园区作为县域经济带动乡村振兴的主体，做大做强县域各类园区，加速推动人才、技术等要素集聚，把县域打造成为人才创新创业的"新高地"和"大舞台"。相关部门应通过资金支持、税收优惠、减免场地租金等政策，吸引本土外流人才返乡就业和创业。

第四，完善农业支持保护制度，着力增加农民转移收入。完善农业保护支持制度有利于保护和调动农民积极性，保障农民合理利润，让广大农民依靠农业生产经营也能实现收入稳步提升。一是完善农业补贴政策。相关部门应稳定和增加农民种粮补贴，完善农业技术推广补贴政策，加大耕地补贴力度，保障农民种植粮食的合理利润，引导农民爱种粮和愿种粮；加大设施农业补贴力度，对符合国家设施农业要求的项目进一步拓宽补贴范围，对国家重要农产品生产的设施农业项目加大补贴力度。二是加大农业农村金融支持力度。相关部门应坚持农业农村优先投入的原则，要求地方政府在每年的一般债券支出中安排一定规模用于提升农业农村基础设施和公共服务设施水平；完善乡村振兴专项债政策，简化乡村振兴专项债申报和使用程序，提高乡村振兴专项债使用效率；加大政策性银行对乡村振兴领域的贷款支持力度，尤其是在农业农村基础设施建设方面提供低利率中长期贷款；制定出台扶持小农户发展的普惠金融政策，降低小农户农业生产过程信用贷款成本。三是扩大农业保险覆盖面。相关部门应将小农户粮食和重要农产品生产纳入农业保险补贴范围，降低小农户粮食和重要农产品生产风险。

第五，持续深化农村集体产权制度改革。相关部门应提升村集体经济支撑农民增收的能力，不断深化农村集体产权制度改革。增加农民财产性收入是拓展农民增收渠道的重要方向。一是推进农村集体经营性资产股份权能改革。相关部门应推进以股份合作为主要形式的改革，将农村集体经营性资产以股份或份额形式量化到本集体经济组织成员，作为农村集体经济组织成员参加村集体收益分配的依据，赋予农民更多的财产权利。具体来说，相关部门可以以农村集体经济组织为单位，通过确权登记、资产核算、资产评估与量化、农村集体经济组织成员界定、股份设置、股权配置等，组建多种形式的农村集体经济合作社，大力发展劳务经济、物业经济、资源经济，增加农村集体经济组织和成员的收入。二是推进农村集体资源性资产确权和活权改革。相关部门应推进农村承包地、林地、园地、"四荒地"、大水面等农村集体自然资源确权，鼓励通过转包、出租、互换、转让等方式推进农村集体自然资源流转和规模化经营，减少农村自然资源闲置，扩大农民收入增长空间。三是探索农村集体经济与城市工商资本发展混合所有制经济。相关部门应充分发挥农村集体经济组织管理运用集体资产的作用，将农村集体经济组织闲置的土地、上级涉农项目财政补助资金等要素集聚起来，对外通过发展产业项目的方式，引进城市工商资本或本集体新型农业经营主体、技术研发单位等，发展多种形式的混合所有制经济，不断发展壮大农村集体经济，助力农民增收致富。

7.3.5 政策保障有效衔接

做好政策保障衔接，为实现脱贫攻坚和乡村振兴两大战略有效衔接提供有力支持。在脱贫攻坚过程中，国家及湖南省出台了一系列精准有效的扶贫政策，构建起政策扶贫保障体系，是实现农民增收、如期全面脱贫的重要动力机制。系统的扶贫政策支持，提高了贫困家庭的资产积累水平，使之基本生活得到保障，收入渠道得到拓展，增收更可持续，内生动力也进一步提升，面对市场风险、自然灾害等冲击时复原力更强。以医疗保险制度为例，对于低收入人群而言，灾难性卫生支付不仅影响健康水平，也是降低年度收入水平的机制之一。医疗保险制度通过提供经济补偿，降低了家庭卫生支出的占比，缓解了健康问题对个人收入水平、家庭发展能力的冲击和侵蚀，阻断了"因病致贫""因病返贫"的贫困路径，为中国打赢脱贫攻坚战做出了重大贡献。做好政策衔接，要进一步完善和优化现有的政策体系，并促进超常规、"运动式"扶贫政策向常规性、普惠性、长效性转变。这需要结合实际，制定出具体的指导方案和实施细则。

第一，构建普适性与差异性相统一的衔接政策体系。有效巩固脱贫攻坚成果、衔接乡村振兴需要形成自上而下的、具有普适性的政策安排。同时，摘帽后的乡村内部发展的差距依然存在，政策的制定需要对区域间的差异作出回应。实现脱贫攻坚和乡村振兴两大战略衔接既需要政策上基础性的统一导向，也需要政策具备灵活性和差异性。因此，相关部门应打好普适性政策与差异性政策的组合拳，构建起普惠与特惠兼备的政策体系。一是制定普适性的政策体系。相关部门应对脱贫地区实现乡村振兴的产业发展、人才支撑、文化繁荣、生态保护、组织建设方面的扶持措施、重点项目以及工程的安排与推进作出明细化的规定。二是在关照区域间发展差异的基础上，分类设计政策体系，区别政策扶持重点。对刚脱贫的深度贫困地区，考虑到脱贫基础不够稳固、返贫风险较大的问题，政策设计的重点应聚焦帮扶的延续性与常态化，全面补齐短板。对于一般贫困地区而言，经济发展水平稍显不足，但返贫风险相对较小，政策扶持可着重于产业体系建设、新型城镇化推进，依托三产融合、城乡融合，助推乡村振兴。对脱贫攻坚与乡村振兴衔接的"先进区"，政策设计应以推进城乡深度融合发展为取向，加强生产要素的流动与融合，加快推进新型城镇化、农业农村现代化。

第二，做好政策的转移接续，调适政策波动影响。相关部门应对现有政策分门别类进行梳理，做好政策的退出、保留、转化以及新设的安排工作，完善乡村振兴政策体系及制度框架。一是政策退出。对脱贫攻坚时期的超常规政策，相关部门需要进行全面调整，对可能造成政策福利依赖、增加地方财政压力、引发社会不公平问题的要予以摒弃。二是政策保留。对脱贫攻坚成果巩固、乡村振兴持续有效推进的政策，相关部门需要保留延续，如基础设施建设投入、基本公共服务供给、产业扶持、土地利用等政策可以作为常量政策沿用，防止"政策悬崖"问题的出现。三是政策转化。对脱贫攻坚期过程中惠及特定村落、特殊人群的政策，相关部门需要调整转型，以适应衔接阶段、振兴阶段针对对象、范围的全方位拓展。四是政策新设。绝对贫困消除后，相对贫困、城乡贫困、流动贫困将成为我国贫困治理的主要方向，不发生规模性返贫是实现乡村振兴的前提。因此，在政策新设方面，相关部门应重点解决相对贫困、治理城乡贫困、解决流动贫困问题，促进城乡融合发展。

8 研究结论、政策启示与研究展望

本章对前文关于有效衔接的概念内涵、评价体系、时空特征、内在机理等方面的研究内容和结论进行梳理总结，并在此基础上提出关于促进脱贫攻坚与乡村振兴有效衔接的政策启示，最后针对本书的局限性和需要进一步讨论的相关问题进行说明。

8.1 研究结论

8.1.1 有效衔接的概念内涵仍在不断完善和丰富中

首先，从我国农村扶贫与发展历程来看，贫困问题与乡村发展水平存在密切相关性，且表现出相互影响、相互制约和互为因果的关系。脱贫攻坚和乡村振兴两大战略既有共通之处，也存在各方面的差异性，总体表现为相辅相成的关系。学界对两者关系的"阶段论""有机论""协同论"相关探讨则是基于对其认识深度和农村发展阶段的变化，也是对顶层话语切换的解读和实践。

其次，有效衔接的概念内涵和理论研究仍在不断完善和丰富中。一方面，有效衔接的概念内涵大致经历了从 2018 年的"以贫困地区脱贫为重中之重"，到 2019 年和 2020 年的"协同推进"，再到 2021—2025 年过渡期间的"巩固拓展"的变化。其概念和内容一脉相承，并随着两大战略推进阶段的变化和理论讨论的逐年深入而不断完善。另一方面，脱贫攻坚的胜利并不意味着我国扶贫工作的结束。2020 年之后，我国贫困治理逐步由过去重点消除绝对贫困向新阶段不断缓解相对贫困转变，由过去重点关注农民收入问题向全面解决农村多维贫困转变，并且对消费贫困、转型期贫困等问题也需要进一步关注。乡村振兴同样是一项持续到 2050 年的长期国家战略，两者的关系和内涵仍将不断发展。

最后，就现阶段来讲，有效衔接的概念内涵主要包含了脱贫攻坚成果巩固和乡村振兴两个领域。其中的六项重点任务（"两不愁三保障"、防范规模性返贫、稳定脱贫能力、特色产业发展、宜居乡村建设、乡村治理水平）构成了有效衔接的概念外延，是后续开展测度评价的重要依据。农户可持续生计和乡村转型发展则构成了有效衔接的理论内核，也是近年来中央一号文件中持续强调的两大重要主题和基本目标，为理解促进有效衔接的内在机理提供了理论支撑。

8.1.2 科学测度评价是精准识别和分类帮扶的基础

首先，在脱贫攻坚胜利后，2021 年和 2022 年的中央一号文件、湖南省一号文件以及各项相关政策文件中，均多次提出了设立"乡村振兴重点帮扶县"来推进有效衔接，强调要建立有效衔接统计监测制度并开展定期评估。因此，构建一套科学、有效的监测评价指标体系，一方面能够发挥指标体系"晴雨表"和"指挥棒"的功能，科学度量有效衔接进展，为指导各地有效衔接工作提供量化考核依据；另一方面能够实现对不同区域乡村进行监测、评价和比较分析，有利于总结发现各地在衔接过渡期间的实践经验和可能问题，及时制定相应对策。

其次，评价指标体系的构建需要充分领会中央文件精神并把握有效衔接的科学内涵，通过对评价对象、评价目标的深入分析，科学确定构建原则和构建步骤。有效衔接的测评需充分考虑到脱贫和振兴的关系，以高发展度和高协同度目标来度量衔接水平。测算方法应依据变异性、差异性和稳定性原则，采用极差标准化法，更真实反映各地区指标的真实得分；避免数据存在异常值或极端值时导致的取值范围出现明显的不均匀分布问题；根据实际，对各指标的上限、下限阈值进行检验和确定。采用专家意见法和熵权法相结合的组合赋权的方法，能够有效避免单独使用时主观随意性强或与实际情况不符等缺点。

最后，从 2020 年综合测算的结果发现，湖南省推进有效衔接的总体水平较高，具有较好的衔接基础和发展潜力，但也存在各地区发展不均衡、各维度发展不协调、大部分地区乡村振兴推进滞后、农户稳定脱贫能力与农村特色产业发展不足等突出问题。第三梯队与第一梯队、第二梯队之间出现了明显"断崖"现象，是湖南省推进有效衔接工作的重点帮扶对象。武陵山和罗霄山创建全国巩固脱贫攻坚成果与乡村振兴有效衔接示范区的整体压力较大，如何在持续巩固脱贫攻坚成果、防范返贫风险的基础上实现快速并高质量发展是过渡期内做好有效衔接工作的重要挑战。

8.1.3　构建了衔接主体、衔接内容和衔接工具三维体系

首先，构建了党、政府、市场、社会和农民多元协同的"衔接主体"格局。脱贫攻坚与乡村振兴两大战略有效衔接中，"衔接主体"主要回答的是"谁来衔接"的问题。从现实情况来看，打赢脱贫攻坚战和乡村振兴进程中都涉及了党、政府、市场、社会和农民等多元主体，脱贫攻坚与乡村振兴的有效衔接也必然涉及这些主体。本书在从理论层面辨析党组织逻辑、政府逻辑、市场逻辑、企业逻辑和宗族逻辑的基础上，辨析了各主体的角色定位。

其次，构建了产业、生态、文化、组织、人才五个维度的"衔接内容"体系。脱贫攻坚与乡村振兴两大战略有效衔接中，"衔接内容"主要回答的是"衔接什么"的问题。"衔接内容"是实现脱贫攻坚与乡村振兴两大战略有效衔接的重点之所在。我们认为，脱贫攻坚与乡村振兴两大战略有效衔接的"衔接内容"是产业扶贫衔接产业兴旺、生态扶贫衔接生态宜居、文化扶贫衔接乡风文明、组织扶贫衔接治理有效、基本保障衔接生活富裕。从现实情况来看，我国打赢脱贫攻坚战为乡村振兴战略的实施打下了坚实的基础。然而，从"二十字方针"来看，脱贫攻坚与乡村振兴两大战略有效衔接以及未来的乡村振兴战略深度推进过程中，依然面临多重现实困境。在此背景下，本书针对这些现实困境，每部分均按照总体思路和主要措施的思路，分析解决脱贫攻坚与乡村振兴两大战略有效衔接中各内容维度现实困境的措施与建议。基于上述分析，本书从总体上构建了产业、生态、文化、组织、人才五个维度的"衔接内容"体系。

最后，构建了宏观规划、中观政策、微观措施的"衔接工具"体系。脱贫攻坚与乡村振兴两大战略有效衔接中，"衔接工具"主要回答的是"如何衔接"的问题。本书认为，脱贫攻坚与乡村振兴两大战略有效衔接的"衔接工具"应具有动态性、目标性、系统性和创新性。本书依据这些原则提出了宏观层面的规划与意见、中观层面的政策与制度、微观层面的机制与措施的"衔接工具"体系。在此基础上，本书认为，宏观层面的规划与意见要无缝对接、统筹推进、梯度升级，中观层面的政策与制度要区分退出类、新设类、加强类、转化类进而分类推进，微观层面的机制与措施要重点做好参与机制、合作机制、激励约束机制、"互联网+"赋能的有效应用。

8.2 政策启示

8.2.1 完善有效衔接的统计监测和考核评价

首先，建立乡村振兴重点帮扶县有效衔接跟踪监测和评价体系是实现对其进行优势、短板的精准识别和分类帮扶的基础。有效衔接的监测评价需要以统计指标与统计数据作为基础支撑。新发展阶段对完善传统统计制度提出了诸多要求：一方面，近年来，乡村振兴不断推进，农业生产经营范畴持续向第二产业和第三产业延伸并呈现出融合发展趋势，传统的统计监测指标体系已无法对这些方面进行准确刻画和充分反映。指标设置需求已远远超出农业农村单个部门，部分重要评价指标数据均来自其他相关部门，有必要加强顶层设计，建立和完善各部门之间数据共享机制。另一方面，我们在调研中发现，脱贫攻坚与乡村振兴两大战略衔接期间，部分指标的评价力减弱（或已实现全覆盖），部分指标有必要细化和新增，如一些地区虽然完成了通电、通自来水的统计指标，但用电保障和供水保障能力差；部分指标没有明确界定和操作性不强，如特色优势产业产值、冷链物流体系是否完善等。因此，我们有必要通过新增重点指标、细化原有指标的方式完善现有县、乡、村单级统计监测体系，以保证有效衔接监测指标的完备性和有效性。

其次，推进有效衔接考核评价，发挥先进县的引领示范效应，并明确各地发展优势和短板。总结脱贫攻坚和乡村振兴经验成果，推进考核评优工作，能够有效发挥"方向标"功能和"指挥棒"功能。同时，做好县、乡、村三级综合监测工作，及时识别区域发展优势和短板，有利于发挥监测体系"晴雨表"作用。

最后，通过健全防止规模性返贫监测帮扶机制，加强对贫困边缘人口和易返贫人口的动态监测。形成全面科学且相对完善的预警体系与响应机制有利于在出现返贫信号、存在返贫隐患时能够及时有针对性启动响应措施。2020年，国务院扶贫开发领导小组提出"以家庭为单位开展防止返贫监测"，监测范围包括了脱贫不稳定户、收入边缘户、遇到突发事件的严重困难户三类。然而，防止规模性返贫要求不仅涉及家庭监测，还包含了特定时间范围和空间范围内返贫户数量规模特征，监测评价对象也应该进一步扩大到农户所在的行政村、县域范围，对行政区划范围内返贫农户数量与区域分布特征予以充分关注，尤其是需要防止地区出现返贫连锁效应。

8.2.2 加大对乡村振兴重点帮扶县的扶持力度

首先，加大对乡村振兴中间力量的扶持力度，稳步推进第二梯队县由脱贫到振兴的过渡。根据 2020 年数据测评结果，第二梯队县有 27 个，占到摘帽县的 52.9%，其有效衔接指数在 63.58~79.53，构成了湖南省推进乡村振兴的中坚力量。由于过去攻坚体制的突击性和局部性特征与乡村振兴长期性和系统性要求的矛盾，完成扶贫产业的转换升级、推进宜居乡村建设以及农户稳定脱贫能力的培养均需要一定的周期性。在 2021—2025 年过渡期，湖南省需要保持现有帮扶力度的总体稳定，逐步推进脱贫地区向乡村振兴发展平稳过渡。湖南省应通过加强资金整合，加大对乡村特色产业的专项扶持力度，增加村集体经济收入，同时抓好脱贫人口稳定就业、易地搬迁后续扶持等各项重点任务，为农业农村可持续稳定发展赋能，进一步夯实乡村振兴中坚力量。

其次，持续巩固张家界市和湘西州等原深度贫困地区发展成果，做好各项扶持政策衔接。摘帽较晚的原深度贫困地区，近年来脱贫攻坚成果丰硕，实现了区域的跨越式发展，农业农村发展制约也得到了有效缓解。但是，要实现与乡村振兴的有效衔接和稳步过渡，这些地区仍需在基础设施提升、公共服务提档、特色产业培育、现代农业人才支撑等方面持续发力。对于这部分地区来说，巩固脱贫攻坚成果仍是一项重要挑战，新增贫困、返贫现象以及相对贫困问题，都将会同时存在。因此，建立健全巩固拓展脱贫攻坚成果长效机制，引导要素资源向欠发达农村区域流动，提升脱贫地区整体发展水平，将成为这些地区做好有效衔接的首要任务目标。在脱贫户的生产生活均发生了巨大变化的情况下，湖南省有必要进一步通过设立社会工作服务站、志愿服务站等方式，加大社会治理支持力度；通过宣传培训法律知识与政策法规，提升农村居民法治素养，提升乡村治理法治水平；积极推进乡风文明建设，消除"精神贫困"与"文化贫困"。

最后，加快农户生计能力培育和农村转型发展，提升由"脱贫"到"振兴"的内生动力。湖南省应不断创新产业政策扶持模式，巩固产业扶持、就业培训等相关政策，通过发挥新型农业经营主体的带动作用、鼓励农户自主发展产业等方式夯实农民持续增收基础，确保生产经营和务工收入逐年稳步增加，不断巩固农户稳定脱贫能力。湖南省应深化农村改革，盘活农村资源要素，持续优化农户生计结构，降低返贫风险；将特色产业发展作为推进"有效衔接"工作的重要着力点，引导农村产业向特色化、品牌化、绿色化、融合化和现代化发展。特别是对于偏远地区而言，大部分帮扶县均多位于重点生态功能区和环境脆弱区，需要基于生态振兴和产业振兴的内在一致性，在推进有效衔接过程中，加快推进发展方式转变和乡村转型发展，推进生态价值核算和转换工作，协同推进生态环境保护与产业绿色发展。

8.2.3 推进分区分类的标准制定与发展引导

首先，根据乡村资源禀赋条件科学制定分类标准和考核评价方案。从乡村振兴近年来的实践情况看，虽然在 2018 年国家乡村振兴战略规划和各省、市、县级的多项规划中均提到了分类推进的思想，并基于区位条件、自然文化资源、发展趋势等方面将乡村初步划分为集聚提升类、城郊融合类、特色保护类、搬迁撤并类村庄四类，并对每一类的发展方向进行了引导和阐释，但各地在实际操作中却缺乏明确的分类实施方案。湖南省在乡村振兴战略实施、县域经济考核、乡村振兴先进县评选等工作中，主要依据主体功能分区或四大经济区的划分，通过分别设定评分标准的方式对各分区评价进行了探索，但针对某一个特定县或村的具体分类和引导仍未明确。因此，湖南省有必要在乡村禀赋分类的基础理论与方法研究的基础上，加快制定符合当地实际的有效衔接分类引导方案。

其次，推进对乡村发展阶段和主导模式的分类评价工作。目前，关于农业农村发展综合评价的相关研究成果不断丰富，评价方法也呈现出系统化和多元化趋势，但在乡村发展阶段特征、类型识别框架、典型路径与模式等方面的工作仍显不足。从湖南省的测评结果来看，由于区位条件、自然环境禀赋不同而导致的区域之间发展不平衡、区域内部不协调问题显著。在 2020 年脱贫攻坚任务完成时，各区域乡村发展程度和所处阶段差距较大。推进有效衔接的本质是实现农业、农村的转型振兴和农民的可持续发展，其关键在于对当地所处发展阶段、资源禀赋、优势主导、制约短板、转型方向等各方面特征进行统筹考虑，并系统规划产业发展、生态保护、乡村建设、文化打造、社会治理等多个发展目标，制定分类推进乡村转型和乡村振兴发展的具体方案与各项工作的时序重点，探索多元化的振兴路径组合。

最后，加强县域和村域层面的乡村多功能识别和分类。多功能性是农业农村发展到一定阶段所表现出的本质特征，同时体现了乡村振兴中的多元目标和城乡关系转变中对乡村发展的多元诉求。在上述资源禀赋、发展阶段、主导模式等方面的差异性和分类过程中，乡村在生产、生活、生态等方面表现出一定的多功能属性，并且不同地域分区的功能表现形式和主导维度存在着显著差异。目前，地域分异理论、现代地域功能理论和乡村转型发展理论在农业多功能、土地多功能、农村多功能等方面的应用研究以及全国和各省（自治区、直辖市）在主体功能分区方面的探索，也均体现了对乡村多功能和基本发展规律的理论透视。因此，立足于当地环境差异和禀赋条件，加强县级和村级层面的乡村多功能类型识别与分类，对明确乡村转型发展方向并制定差异化的发展策略具有重要意义。

8.2.4　持续优化促进有效衔接相关政策设计

首先，政府需要充分发挥"引导者"的角色，保持农业产业发展政策支持力度不减，继续扶持地方优势特色产业、推进现代农业和产业融合发展，大力推广绿色生态环保和高产技术。政府应加大对新型农业经营主体的培育力度，完善农业信贷担保政策扶持、农业产业化财政贴息、农业保险奖补等各项政策，提升政策合力；进一步提升支农惠农政策水平，实现由特惠政策向普惠政策过渡，增强非贫困村和非贫困户的参与感与获得感；逐步调整直接补贴和价格补贴向提高农业生产能力补贴的转变，由着力补贴农户为主向支持农业现代化和规模经营方向转变，由鼓励高投入高产出的补贴向促进集约化绿色化生产转变，优化财政投入结构，增强政策的指向性和精准性。

其次，政府应进一步强化保障政策，构筑脱贫"防护墙"。政府应切实减少因病、因学、因灾和意外事故造成的支出型贫困的发生，进一步增强农村居民抗风险能力。在医疗方面，政府应在保留"十免四补助""两保三救助三基金"等政策的基础上，继续完善基本医保和大病保险保障制度，逐年加大医疗救助投入，并建立相关医疗救助基金。在社会保障方面，政府应提高低保对象中的重度残疾人生活补贴发放水平；推进低保线和扶贫标准的统筹衔接，并于过渡期内加快对相对贫困人口的认定及乡村振兴新要求下扶持标准的制定。在养老保障方面，政府应继续对低保对象和特困人员执行养老保险代缴政策；探索建立健全农村农民养老制度，引进社会养老服务机构进入农村，让农民老有所养、老有所依；优化制度设计，强化多缴多得、长缴多得的激励机制，完善缴费补贴政策，建立缴费补贴动态调整机制。

再次，政府应调整优化基础设施和公共服务设施建设政策。政府应统筹规划好乡村振兴和脱贫攻坚的项目安排，推进农业基础设施提档升级；加强农田水利工程、高标准农田建设，推进现代农业产业基地水、电、路网等基础设施配套，促进农业节本增效；允许涉农产业项目资金优先用于贫困地区产业基础设施投入，进一步优化拓展以工代赈实施新领域；将贫困县和非贫困县、贫困村和非贫困村纳入统筹考虑、统一规划，特别是要注重边缘贫困行政村的均衡发展，根据各类非贫困村基础设施建设需求实际，推动非贫困村基础设施发展，合理规划布局社区卫生服务中心、养老院等基本公共服务设施建设；建立现代公共文化服务体系，形成覆盖城乡的市、县、镇、村四级公共文化网络格局。

最后，政府应该发挥"协调者"的角色，充分发挥市场作用，并为多元主体参与乡村振兴建构平等性的制度空间。政府应逐步取消"输血"性质政策，倒逼农业产业升级和效率提升。贫困户产业扶持资金、定向采购扶贫产品等政策旨在鼓励贫困地区发展农业产业，实现由"输血"到"造血"的转变。在各村各户有一定产业发展基础后，政府应逐步调整贫困户产业直补、以购代捐等仍带有一定"输血"性质的政策，以市场为导向，倒逼产业升级，实现由传统种养到特色种养，由粗放生产到集约农业，由小农经济到规模化、标准化生产转变。政府应逐步调整就业扶贫政策中对各类生产经营主体吸纳贫困劳动力就业的相关补贴，鼓励涉农企业在降低生产成本的同时履行相应社会责任，并在人力资源的配置上由政府引导转变为市场主导，提高资源配置效率。

8.3 研究展望

本书在对脱贫攻坚与乡村振兴两大战略有效衔接科学内涵的探讨的基础上，尝试构建评价指标体系对县级层面的有效衔接情况进行测度和评价，并以湖南省为例对巩固脱贫攻坚成果与乡村振兴有效衔接的现状、动因以及内在机理等问题进行了探索研究，对推进乡村振兴重点帮扶县的动态监测、精准识别和分类帮扶工作具有一定的参考和应用价值。总体而言，在研究过程中，笔者力求严谨，并结合相关课题研究进行了长达两年的实地调研和多项子课题研究工作，但本书的成稿由于研究主题、篇幅以及笔者水平等方面的诸多限制，在很多方面仍存在不足和需要进一步深入探讨的工作。其主要体现在以下四个方面：

第一，关于有效衔接的评价指标体系、评价方法还有进一步完善的空间。本书在对有效衔接科学内涵和重点任务梳理的基础上，尝试从"两不愁三保障"、防范规模性返贫、稳定脱贫能力、特色产业发展、宜居乡村建设、乡村治理水平六个维度构建评价指标体系。本书虽然在指标选择和数据获取上得到了相关专家和有关部门的大力支持，但部分指标选取和重点数据仍局限于以往统计监测制度指标的设置范围，所构建的评价体系仍不能全面反映有效衔接情况，后期评价体系的完善在一定程度上也依赖于现有统计监测制度指标的调整和丰富。另外，正如前文所述，有效衔接的概念随着两大战略推进阶段的变化和理论讨论的逐渐深入而不断完善。目前，学界的相关研究以及国家统计局、国家乡村振兴局在相关研究课题的设置中，也提出了两种或两种以上的不同测度的思路。综上所述，在不同阶段推进有效衔接的测度评价，需要建立在对中央文件精神准确把握和对农业农村发展阶段的现实研判的基础上，及时调整、不断优化指标体系和评价方法。

第二，关于评价对象和评价范围还需要进一步拓展和丰富。本书由于研究的推进阶段和其他方面的局限性，目前仅对县级层面有效衔接的指标体系进行了探索和构建，评价范围也仅局限于湖南省的 51 个摘帽县，忽视了非贫困县的空间效应和带动作用。一方面，对县级层面的测度评价有必要进一步拓展评价范围到湖南省 122 个县（市、区），并推广到对整个中部片区乃至全国层面的评价。另一方面，乡镇和行政村仍是推进乡村振兴战略的重要载体和基本单位，在后续的研究中有必要进一步设计和细化乡镇及村一级的评价指标体系，对乡镇和行政村有效衔接情况加以评估，为政府制定看得见、可落实的具体分类帮扶政策提供决策依据。

第三，有必要进一步挖掘有效衔接的典型案例和典型模式并进行跟踪分析。本书主要通过指标体系构建和测度评价对湖南省巩固脱贫攻坚成果与乡村振兴有效衔接的基本情况有了一个宏观的把握，虽然针对湖南省 51 个县（市、区）的个体演进路径和主导模式进行了测度与分类讨论，总体结论与实地调研情况也较为符合，但基于调研形式和时间的限制，仍缺乏对微观典型案例的跟踪调查和深入分析，因此对有效衔接的内在机理的讨论仍显不足。下一阶段的研究有必要在测度分析的基础上，挖掘典型案例和典型模式，并再次深入乡镇、行政村和户籍层面进行访谈与持续跟踪，为有效衔接工作的推进和进一步研究提供案例支撑。

参考文献

[1] ADELMAN I. Theories of economic growth and development [M]. Palo Alto: Stanford University Press, 1961.

[2] BALDWIN R E, FORSLID R. The core-periphery model and endogenous growth: stabilizing and destabilizing integration [J]. Economica, 2000 (67): 307-324.

[3] DFID. Sustainable livelihoods guidance sheets [M]. London: Department for International Development, 2000.

[4] FOTHERINGHAM A S, BRUNSDON C, CHARLTON M E. Geographically weighted regression: the analysis of spatially varying relationships [M]. West Sussex: John Wiley & Amp Sons Ltd., 2002.

[5] FRANKENBERGER T D, MAXWELL M. Operational household livelihood security: a holistic approach for addressing poverty and vulnerability [Z]. CARE, 2000.

[6] HOWARD NEWBY. Locality and rurality: the restructuring of rural social relations [J]. Regional Studies, 1986, 20 (3): 209-215.

[7] BRAUNERHJEHN P, BORGMAN B. Agglomeration diversity and regional growth [Z]. CESIS Electronic Working Paper Series, 2006.

［8］BRULHART M, MATHYS N. Sectoral agglomeration economics on a panel of european regions［D］. Lansanne：University of Lansanne, 2007.

［9］ALKIRE S, FOSTER J. Counting an dmultidimensional poverty measurement［J］. Journal of Public Economics, 2011, 95（7-8）：476-487.

［10］A O HIRSCHMAN. The strategy of economic development［M］. New Haven：Yale University Press, 1958.

［11］BOOYSEN F, BERG S V D, BURGER R, et al. Using an asset index to assess trends in poverty in seven sub-saharan african countries［J］. World Development, 2008, 36（6）：1113-1130.

［12］BYRNE C A, RESNICK H S, KILPATRICK D G, et al. The socioeconomic impact of interpersonal violence on women［J］. Journal of Consulting & Clinical Psychology, 1999, 67（3）：362-366.

［13］DAGUM C. A new approach to the decomposition of the Gini income inequality ratio［J］. Empirical Economics, 1997, 22（4）：515-531.

［14］CHENERY H B. Patterns of industrial growth［J］. The American Economic Review, 1960, 50（4）：624-654.

［15］CICCONE. Agglomeration effects in europe［J］. European Economic Review, 2002（46）：213-227.

［16］IFAD. Inclusive ssessment of rural poverty：asia and the pacific［Z］. Rome：IFAD, 2016.

［17］KENNY M, FOURIE R. Tracing the history of grounded theory methodology：from formation to fragmentation［J］. Qualitative Report, 2014, 19（52）：1-9.

［18］SILVERMAN B W. Density estimation for statistics and data analysis［M］. New York：Chapman and Hall, 1986.

[19] TOBLER W R. A computer movie simulating urban growth in the detroit region [J]. Economic Geography, 1970, 46 (2): 234-240.

[20] WOODS M. Precarious rural cosmopolitanism: negotiating globalization, migration and diversity in Irish small towns [J]. Journal of Rural Studies, 2018, 64: 164-176.

[21] KRUGMAN P R. First nature, Second nature, and Metropolitan location [J]. Journal of Regional Science, 1991, 33 (3740): 129-144.

[22] LASSE K. The sustainable livelihood approach to poverty reduction [M]. Stockholm: Swedish International Development Cooperation Agency, 2001.

[23] PARZEN E. On estimation of a probability density function and mode [J]. Annals of Mathematical Statistics, 1962, 33 (3): 1065-1076.

[24] RAVALLION M. Roubling tradeoffs in the human development index [J]. Journal of Development Economics, 2012, 99 (2): 201-209.

[25] MARSDEN T K, WHATMORE S J, MUNTON R J C. Uneven development and the restructuring process in British agriculture: a preliminary exploration [J]. Journal of Rural Studies, 1987, 3 (4): 297-308.

[26] NEUMAYER E. The human development index and sustainability aconstructive proposal [J]. Ecological Economics, 2001, 39 (1): 101-114.

[27] AKHTER ALI, ABDU RAHMAN BESHIR ISSA, DIL BAHADUR RAHUT, et al. Adoption and impact of the maize hybrid on the livelihood of the maize growers: some policy insights from Pakistan [J]. Scientifica, 2020 (1): 1-8.

[28] K CHATTOPADHYAY, S GAYAN, I MONDAL, et al. Stress tolerant rice and on-farm seed production ensure food security and livelihood to small and marginal farmers of Sundarbans (Indian site) [J]. SAARC Journal of Agriculture, 2020, 17 (2): 127-139.

［29］LI S Z. A study on the impact of returning farmland to forest policy on farmers' livelihood-sustainable livelihood analysis based on the perspective of family structure ［J］. Journal of Public Administration, 2010, 7 (2): 1-10, 122.

［30］ALEMAYEHU M, BEUVING J, RUBEN R. Risk preferences and farmers' livelihood strategies: a case study from eastern Ethiopia ［J］. Journal of International Development, 2018, 30 (8): 1369-1391.

［31］NIGEL P, REMI G, ALIZA M. Rural poverty in Mexico: assets and livelihood strategies among the Mayas of Yucatan ［J］. International Journal of Agricultural Sustainability, 2007, 5 (4): 315-330.

［32］CHAMBERS R, CONWAY G R. Sustainable rural livelihoods: practical concepts for the 21st Century ［Z］. Institute of Development Studies, 1992.

［33］AMARTYA SEN, AMARYTA K SEN. The food problem: theory and policy ［J］. Third World Quarterly, 1982, 4 (3): 447-459.

［34］ELLIS F. Household strategies and rural livelihood diversification ［J］. The Journal of Development Studies, 1998, 35 (1): 1-38.

［35］LUTHANS F, YOUSSEF C M. Human, social, and now positive psychological capital management ［J］. Organizational Dynamics, 2004, 33 (2): 143-160.

［36］BEDRU BABULO, BART MUYS, FREDU NEGA, et al. Household livelihood strategies and forest dependence in the highlands of Tigray, northern Ethiopia ［J］. Agricultural Systems, 2008, 98 (2): 147-155.

［37］YUYING TONG, BINBIN SHU, MARTIN PIOTROWSKI. Migration, livelihood strategies, and agricultural outcomes: a gender study in rural China ［J］. Rural Sociology, 2019, 84 (3): 591-621.

［38］JIM GILES. A vision of life after Blair ［J］. Nature, 2006, 444 (7121): 801.

［39］PHILLIPS S T. This land, this nation: conservation, rural America, and the New Deal ［J］. New York: Cambridge University Press, 2007.

［40］SACKER A, et al. A multiple-process latent transition model of poverty and health ［J］. Methodology, 2013, 9 (4): 162-177.

［41］SEDLMAYR R. Paying for poverty alleviation: a case study ［Z］. Draft Working Paper, University of Oxford, 2018.

［42］TACOL C. The links between urban and rural development ［J］. Environment & Urbanization, 2003, 15 (1): 3-12.

［43］VON REICHERT C, CROMARTIE J B, ARTHUN R O. Impacts of return migration on rural us communities ［J］. Rural Sociology, 2014, 79 (2): 200-226.

［44］WARD P S. Transient poverty, poverty dynamics, and vulnerability to poverty: an empirical analysis using a balanced panel from rural China ［J］. World Development, 2016, 78: 541-553.

［45］WEBER B A. Rural poverty: why should states care and what can state policy do? ［J］. Journal of Regional Analysis & Policy, 2007, 37 (1): 48-52.

［46］安晓宁, 辛岭. 中国农业现代化发展的时空特征与区域非均衡性 ［J］. 资源科学, 2020, 42 (9): 1801-1815.

［47］边慧敏, 张玮, 徐雷. 连片特困地区脱贫攻坚与乡村振兴协同发展研究 ［J］. 农村经济, 2019 (4): 40-46.

［48］郭亚军. 综合评价理论、方法及应用 ［M］. 北京: 科学出版社, 2007.

［49］桂华. 市场参与视角下的农村贫困问题: 贫困类型、地区分布与反贫困政策 ［J］. 南京社会科学, 2019 (7): 76-84.

［50］韩俊. 实施乡村振兴要处理好两个关系［N］. 人民日报，2018-02-04（04）.

［51］韩磊，王术坤，刘长全. 中国农村发展进程及地区比较：基于2011—2017年中国农村发展指数的研究［J］. 中国农村经济，2019（7）：2-20.

［52］高静，武彤，王志章. 深度贫困地区脱贫攻坚与乡村振兴统筹衔接路径研究：凉山彝族自治州的数据［J］. 农业经济问题，2020（3）：125-135.

［53］高强. 脱贫攻坚与乡村振兴的统筹衔接：形势任务与战略转型［J］. 中国人民大学学报，2020（6）：29-39.

［54］陈小丽. 基于多层次分析法的湖北民族地区扶贫绩效评价［J］. 中南民族大学学报（人文社会科学版），2015，35（3）：76-80.

［55］底瑜. 当代中国反贫困战略的选择与重构：以四川省巴中市"巴中新村"为例的研究［J］. 中国软科学，2005（10）：42-50.

［56］豆书龙，叶敬忠. 乡村振兴与脱贫攻坚的有机衔接及其机制构建［J］. 改革，2019（1）：19-29.

［57］杜向民，吴嫚，程小芬. 脱贫攻坚与乡村振兴战略一体化推进研究［J］. 长白学刊，2020（4）：120-126.

［58］杜育红，杨小敏. 乡村振兴：作为战略支撑的乡村教育及其发展路径［J］. 华南师范大学学报（社会科学版），2018（2）：76-81，192.

［59］樊红艳，刘学录. 基于综合评价法的各种无量纲化方法的比较和优选：以兰州市永登县的土地开发为例［J］. 湖南农业科学，2010（17）：163-166.

［60］樊杰，周侃，王亚飞. 全国资源环境承载能力预警（2016版）的基点和技术方法进展［J］. 地理科学进展，2017，36（3）：266-276.

［61］方瑜，欧阳志云，郑华，等．中国人口分布的自然成因［J］．应用生态学报，2012，23（12）：3488-3495．

［62］贺雪峰．中国农村反贫困战略中的扶贫政策与社会保障政策［J］．武汉大学学报（哲学社会科学版），2018，71（3）：147-153．

［63］贺雪峰．城乡关系视野下的乡村振兴［J］．中南民族大学学报（人文社会科学版），2020（4）：99-104．

［64］何耀耀，闻才喜，许启发．基于 Epanechnikov 核与最优窗宽组合的中期电力负荷概率密度预测方法［J］．电力自动化设备，2016，36（11）：120-126．

［65］洪银兴．工业和城市反哺农业、农村的路径研究：长三角地区实践的理论思考［J］．经济研究，2007（8）：13-20．

［66］扶阳彪．湖南省巩固脱贫攻坚成果同乡村振兴有效衔接研究［D］．长沙：中南林业科技大学，2022：18-33．

［67］胡道玖．可行能力：阿马蒂亚·森的发展经济学方法及价值关怀［J］．福建论坛（人文社会科学版），2014（4）：74-80．

［68］杨占国，于跃洋．当代中国农村扶贫 30 年（1979—2009）述评［J］．北京社会科学，2009（5）：80-87．

［69］叶敬忠，豆书龙，张明皓．精准脱贫与社会建设的有机衔接：理论逻辑、实践困境与路径选择［J］．南京农业大学学报（社会科学版），2019，19（5）：1-25．

［70］颜培霞．特色村"三位一体"转型发展模式与实现路径研究［J］．山东大学学报（哲学社会科学版），2019（6）：158-165．

［71］陈文胜．湖南乡村振兴报告［M］．北京：社会科学文献出版社，2021．

［72］闫周府，吴方卫. 从二元分割走向融合发展：乡村振兴评价指标体系研究［J］. 经济学家，2019（6）：90-103.

［73］杨海珍，程相娟，李妍，等. 系统性金融风险关键成因及其演化机理分析：基于文献挖掘法［J］. 管理评论，2020，32（2）：18-28.

［74］杨龙，李宝仪，赵阳，等. 农业产业扶贫的多维贫困瞄准研究［J］. 中国人口·资源与环境，2019，29（2）：134-144.

［75］徐进. 整村推进扶贫思路与方法研究［M］. 北京：中国财政经济出版社，2008.

［76］熊勇清，李世才. 战略性新兴产业与传统产业耦合发展的过程及作用机制探讨［J］. 科学学与科学技术管理，2010，31（11）：84-87，109.

［77］许汉泽. 新中国成立70年来反贫困的历史、经验与启示［J］. 中国农业大学学报（社会科学版），2019，36（5）：45-52.

［78］徐宏潇. 习近平乡村振兴论述的理论逻辑与实施机制［J］. 北京航空航天大学学报（社会科学版），2019，32（4）：25-29.

［79］庄天慧，孙锦杨，杨浩. 精准脱贫与乡村振兴的内在逻辑及有机衔接路径研究［J］. 西南民族大学学报（人文社科版），2018，39（12）：113-117.

［80］高岳峰. 马克思主义农村发展理论与社会主义新农村建设［D］. 武汉：武汉大学，2014.

［81］和月月. 生计资本对云南脱贫农户可持续生计能力影响机理研究［D］. 昆明：昆明理工大学，2021.

［82］庄天慧，杨浩，蓝红星. 多维贫困与贫困治理［M］. 长沙：湖南人民出版社，2017.

［83］付书科. 生态脆弱区矿业耦合协同发展研究［D］. 武汉：中国地质大学，2014.

[84] 胡蓓蓓, 宗刚. 非参数核密度估计在异方差模型中的应用 [J]. 数量经济技术经济研究, 2014, 31 (10): 151-161.

[85] 段宇生. 乡村振兴战略下湖南省农村文化产业发展对策研究 [D]. 长沙: 中南林业科技大学, 2022.

[86] 王留根. 相对贫困论 [M]. 北京: 中国农业出版社, 2020.

[87] 曹兵妥, 李仙娥. 村域脱贫攻坚与乡村振兴的衔接机制及路径 [J]. 西北农林科技大学学报 (社会科学版), 2021, 21 (4): 9-16.

[88] 曹苗苗, 彭鹏, 王贤, 等. 湖南武陵山片区乡村转型时空 演化特征及其影响因素分析 [J]. 长江流域资源与环境, 2020, 29 (9): 1930-1940.

[89] 陈浩. 脱贫攻坚实践与中国乡村社会重建: 以滇西边境彝族贫困社区功能性社会重建为例 [J]. 开放时代, 2020 (6): 77-91, 7.

[90] 陈浩天. 从强制到适应: 国家与农户互构式治贫进路 [J]. 南开学报 (哲学社会科学版), 2020 (6): 94-102.

[91] 黄承伟. 打好脱贫攻坚战是实施乡村振兴战略的优先任务 [N]. 贵州日报, 2018-11-20 (10).

[92] 黄承伟. 推进乡村振兴的理论前沿问题 [J]. 行政管理改革, 2021 (8): 1-15.

[93] 黄萃, 任弢, 张剑. 政策文献量化研究: 公共政策研究的新方向 [J]. 公共管理学报, 2015 (4): 129-133.

[94] 黄季焜. 乡村振兴: 农村转型、结构转型和政府职能 [J]. 农业经济问题, 2020 (1): 4-26.

[95] 黄祖辉, 钱泽森. 做好巩固拓展脱贫攻坚成果同乡村振兴有效衔接 [J]. 南京农业大学学报 (社会科学版), 2021, 21 (6): 3-8

[96] 贾晋, 李雪峰, 申云. 乡村振兴战略的指标体系构建与实证分析 [J]. 财经科学, 2018 (11): 70-76.

[97] 贾晋，尹业兴. 脱贫攻坚与乡村振兴有效衔接：内在逻辑、实践路径和机制构建 [J]. 云南民族大学学报（哲学社会科学版），2020，37（3）：69-74.

[98] 贾旭东，谭新辉. 经典扎根理论及其精神对中国管理研究的现实价值 [J]. 管理学报，2010，7（5）：658-665.

[99] 戴志敏. 乡村转型发展现状评价与理想模式分类：以浙江省金华市雅叶村为例 [D]. 金华：浙江师范大学，2020.

[100] 闫宇，汪江华，张玉坤. 新内生式发展理论对我国乡村振兴的启示与拓展研究 [J]. 城市发展研究，2021，28（7）：19-23.

[101] 胡伟强. 脱贫攻坚与乡村振兴的政策衔接研究 [D]. 湘潭：湘潭大学，2021.

[102] 韩欣宇，闫凤英. 乡村振兴背景下乡村发展综合评价及类型识别研究 [J]. 中国人口·资源与环境，2019，29（9）：156-165.

[103] 高强. 脱贫攻坚与乡村振兴有机衔接的逻辑关系及政策安排 [J]. 南京农业大学学报（社会科学版），2019，19（5）：15-23，154-155.

[104] 高帅，毕洁颖. 农村人口动态多维贫困：状态持续与转变 [J]. 中国人口·资源与环境，2016，26（2）：76-83.

[105] 尹业兴. 脱贫攻坚与乡村振兴有效衔接：科学内涵、测度分析与内在机理 [D]. 成都：西南财经大学，2021.

[106] 章彩. 原贫困地区脱贫攻坚与乡村振兴有效衔接问题研究 [D]. 宜昌：三峡大学，2022.

[107] 傅歆，孙米莉. 马克思主义城乡融合发展理论的逻辑演进 [J]. 浙江学刊，2019（6）：82-87.

[108] 高杰，郭晓鸣. 深度贫困地区贫困治理的多重挑战与政策选择 [J]. 中南民族大学学报（人文社会科学版），2020，40（1）：131-134.

[109] 黄承伟. 脱贫攻坚有效衔接乡村振兴的三重逻辑及演进展望 [J]. 兰州大学学报（社会科学版），2021（6）：1-9.

[110] 李博，苏武峥. 欠发达地区巩固拓展脱贫攻坚成果同乡村振兴有效衔接的治理逻辑与政策优化 [J]. 南京农业大学学报（社会科学版），2021，21（6）：71-79.

[111] 朱海波，毕洁颖. 巩固拓展脱贫攻坚成果同乡村振兴有效衔接：重点方向与政策调试：针对"三区三州"脱贫地区的探讨 [J]. 南京农业大学学报（社会科学版），2021，21（6）：80-90.

[112] 尚道文. 脱贫攻坚与乡村振兴衔接·生态 [M]. 北京：人民出版社，2020.

[113] 陈琦，等. 脱贫攻坚与乡村振兴衔接·文化 [M]. 北京：人民出版社，2020.

[114] 吕方，等. 脱贫攻坚与乡村振兴衔接·组织 [M]. 北京：人民出版社，2020.

[115] 李海金，等. 脱贫攻坚与乡村振兴衔接·人才 [M]. 北京：人民出版社，2020.

[116] 覃志敏，等. 脱贫攻坚与乡村振兴衔接·基层案例评析 [M]. 北京：人民出版社，2020.

[117] 王志章，王静，熊正贤，等. 西部地区精准脱贫与乡村振兴融合的路径设计与政策协同研究 [M]. 北京：人民出版社，2020.

[118] 左停，原贺贺，李世雄. 巩固拓展脱贫攻坚成果同乡村振兴有效衔接的政策维度与框架 [J]. 贵州社会科学，2021（10）：152-159.

[119] 张明皓，叶敬忠. 脱贫攻坚与乡村振兴有效衔接的机制构建和政策体系研究 [J]. 经济学家，2021（10）：110-118.

[120] 李志明. 实现巩固拓展脱贫攻坚成果同乡村振兴有效衔接 [J]. 人民论坛·学术前沿, 2021 (Z1): 100-106.

[121] 蒋永穆, 祝林林. 扎实推动巩固拓展脱贫攻坚成果同乡村振兴有效衔接 [J]. 马克思主义与现实, 2021 (5): 98-104.

[122] 周伍阳. 生态振兴: 民族地区巩固拓展脱贫攻坚成果的绿色路径 [J]. 云南民族大学学报 (哲学社会科学版), 2021, 38 (5): 72-77.

[123] 尚静, 张和清. 从脱贫攻坚到乡村振兴: 社会工作的实践逻辑及策略: 以广东 X 村的社区减贫项目为例 [J]. 中国农业大学学报 (社会科学版), 2021, 38 (4): 31-41.

[124] 李聪, 郭嫚嫚, 雷昊博. 从脱贫攻坚到乡村振兴: 易地扶贫搬迁农户稳定脱贫模式: 基于本土化集中安置的探索实践 [J]. 西安交通大学学报 (社会科学版), 2021, 41 (4): 58-67.

[125] 贺艳华, 李裕瑞. "巩固拓展脱贫攻坚成果同乡村振兴有效衔接学术研讨会暨地理学学科建设论坛" 在长沙召开 [J]. 地理学报, 2021, 76 (6): 15-26.

[126] 黄祖辉, 钱泽森. 做好巩固拓展脱贫攻坚成果同乡村振兴有效衔接 [J]. 南京农业大学学报 (社会科学版), 2021, 21 (6): 54-61.

[127] 白永秀, 宁启. 巩固拓展脱贫攻坚成果同乡村振兴有效衔接的提出、研究进展及深化研究的重点 [J]. 西北大学学报 (哲学社会科学版), 2021, 51 (5): 5-14.

[128] 农辉锋. 我国人口较少民族实现巩固拓展脱贫攻坚成果与乡村振兴有效衔接的多维逻辑探析 [J]. 广西民族研究, 2021 (3): 172-178.

[129] 张琦, 李顺强. 内生动力、需求变迁与需求异质性: 脱贫攻坚同乡村振兴衔接中的差异化激励机制 [J]. 湘潭大学学报 (哲学社会科学版), 2021, 45 (3): 65-72.

［130］杜尚荣，朱艳，游春蓉. 从脱贫攻坚到乡村振兴：新时代乡村教育发展的机遇与挑战［J］. 现代教育管理，2021（5）：1-8.

［131］王新，王芳艳. 为西藏巩固拓展脱贫攻坚成果与乡村振兴有效衔接建言：首届"西藏乡村振兴研讨会"综述［J］. 西藏民族大学学报（哲学社会科学版），2021，42（3）：111-115.

后记

2020 年，湖南省取得了脱贫攻坚战的全面胜利，51 个贫困县（市、区）全部摘帽，6 920 个建档立卡贫困村全部出列，477.6 万贫困人口全部脱贫。但是，相对贫困在湖南省还普遍存在，脱贫地区农村居民人均可支配收入还较低。脱贫地区怎样推进乡村振兴？脱贫地区怎样将巩固脱贫攻坚成果与乡村振兴有效衔接？

在这一系列问题的指引下，我完成了本书的写作。我在写作过程中体会到，有效衔接的评价指标体系、评价方法还有进一步完善的空间。本书从"两不愁三保障"、防范规模性返贫、稳定脱贫能力、特色产业发展、宜居乡村建设、乡村治理水平六个维度构建了评价指标体系。目前，学界的相关研究及国家统计局、国家乡村振兴局在相关研究课题的设置中，也提出了两种及以上的不同测度思路。因此，在不同阶段推进有效衔接的测度评价，需要建立在对中央文件精神的准确把握和对农业农村发展阶段的现实研判基础上，及时调整、不断优化指标体系和评价方法。评价对象和评价范围还需要进一步拓展和丰富。本书受研究的推进阶段和其他方面的局限，仅对县级层面有效衔接的指标体系进行了探索和构建，评价范围也仅局限于湖南省的 51 个摘帽县（市、区），忽视了非贫困县的空间效应和带动作用。一方面，对县级层面的测度评价有必要进一步将评价范围拓展到湖南省 122 个县（市、区），并扩大到对整个中部地区乃至全国层面的评价。另一方面，乡镇和行政村仍是推进乡村振兴的重要载体与基本单位，后续的研究有必要进一步设计和细化乡镇及村一级的评价指标体系，对乡镇和村庄的有效衔接情况加以评估，为政府制定可落实的具体分类帮扶政策提供决策依据。

感谢邵阳学院经济与管理学院的领导和同事给了我一个写作此书的机会，并提供时间保障与鼓励。感谢我的妻子郭涓和女儿曾萱蓓，你们无私的奉献、默默的付出、充分的理解和鼎力的支持，让我能够顺利完成书稿的撰写。

回首往昔，还有很多可敬的领导、同事、同学、朋友给了我无尽的帮助，诸多感慨、不胜言表、笨嘴拙舌、难陈衷情。在此，请你们接受我最诚挚的谢意！

曾海燕

2023 年 6 月于邵阳学院